Zwillinge

21. Mai – 21. Juni

P. MICHEL / A. WAGNER

Zwillinge

21. Mai – 21. Juni

tosa

Texte von P. Michel und A. Wagner
Umschlag und Coverillustration von Joseph Koó

Druck: Druckerei Theiss GmbH, A-9431 St. Stefan

www.tosa-verlag.com

Inhalt

Vorwort

Wenn Sie jetzt dieses Buch in Händen halten, so sind Sie höchstwahrscheinlich ein Zwilling oder zumindest am Sternzeichen Zwilling interessiert. Vielleicht leben Sie eine temperamentvolle Beziehung mit einem Zwilling, oder möglicherweise ist Ihr Chef ein Zwilling. Zumindest möchten Sie etwas mehr über den Zwilling erfahren.
Es ist immer eine spannende Angelegenheit, etwas über sich selbst oder einen anderen Zwilling zu erfahren. Die nachfolgenden Seiten wollen Ihnen einen Gesamtüberblick über die vielfältigen Seiten des Zwillings vermitteln. Wenn Sie selbst ein Zwilling sind, haben Sie sich wahrscheinlich ohnehin schon über das Inhaltsverzeichnis mit dem Buch vertraut gemacht. Trotzdem sollte das Buch bei der Lektüre noch einige Überraschungen für Sie bereit halten. Vielleicht wird es Sie auch das eine oder andere Mal zum Schmunzeln bringen. Das ist so beabsichtigt!
Das *Sternzeichen* eines Menschen zeigt uns dessen bestimmte Merkmale auf, es kann allerdings kein vollständiges Bild einer Persönlichkeit liefern. Dazu bedarf es eines umfassenden Horoskops.
Es wird Ihnen sicher schon aufgefallen sein, daß es auch innerhalb eines Sternzeichens unterschiedliche Menschen gibt. Das zeigt uns, daß man nicht alle Widder, Stiere oder Jungfrauen über einen Kamm scheren kann. Trotzdem lassen sich viele verblüffende Ähnlichkeiten feststellen, die viel zu eindeutig sind, um als Zufall erklärt zu werden. Bestimmte Muster kehren innerhalb eines Sternzeichens

immer wieder. Deshalb lohnt es sich, etwas mehr über die verschiedenen Aspekte eines Sternzeichens zu verstehen. Wenden wir uns also der geheimnisvollen Welt des Zwillings zu.

Einleitung

Gehören auch Sie zu jenen Menschen, die zwar ihren Freunden und Kollegen gegenüber stets betonen, nichts von dieser „Sterndeuterei" zu halten, aber heimlich doch fast jedes Illustriertenhoroskop lesen? Natürlich nur zum Spaß!

Wir vermuten einmal, Sie haben ein gewisses Interesse an der Astrologie, kennen sich aber noch nicht sehr gut aus. Daher sind die nachstehenden Gedanken über die Wissenschaft der Astrologie für Sie vielleicht hilfreich, um Ihnen zumindest Grundkenntnisse der alten Sternenweisheit zu vermitteln. Außerdem versprechen wir Ihnen mehr Freude am Lesen als bei den etwas eintönigen Zeitschriften-Horoskopen!

Wenn Sie zu den Befürwortern der Astrologie gehören – und ihre Zahl nimmt bekanntlich ständig zu –, werden Sie mit diesem Buch endlich genügend Argumente in die Hand bekommen, um Ihren Freunden und Kollegen zu beweisen, warum sich die Widder-Frau aus der Buchhaltung mit dem Jungfrau-Abteilungsleiter so in die Haare kriegen konnte.

Das Grundwissen

Normalerweise weiß jeder Mensch, zu welchem Sternzeichen er gehört. Das Tierkreiszeichen richtet sich nach dem Stand der Sonne zum Zeitpunkt Ihrer Geburt. Wenn Sie also beispielsweise am 10. März geboren sind, gehören Sie, astrologisch gesprochen, zu den Fischen. Denn an diesem Tag stand die Sonne im Zeichen der Fische. Wurden Sie dagegen am 10. April geboren, sind Sie astrologisch ein Widder. Sie finden normalerweise ganz schnell heraus, zu welchem Zeichen Sie gehören, es sei denn, Sie fallen genau in den Wechsel zwischen zwei Zeichen, dann kann es von Bedeutung sein, Ihre Geburtsstunde genau zu ermitteln und einen Astrologen zu befragen, zu welchem Zeichen Sie gehören.

Der Sonnenstand, also Ihr Sternzeichen, gibt Ihnen Auskunft darüber, wie Sie „in Ihrem Inneren" wirklich sind. Die Astrologie, wenn sie ernsthaft betrieben wird, vermag natürlich weitaus mehr über die Persönlichkeit eines Menschen auszusagen, aber wir wollen es in diesem Buch einmal beim Sonnenstand, dem Sternzeichen, und dem Stand des Mondes bewenden lassen. Als Hinweis für die etwas Fortgeschritteneren unter den Lesern sei nur erwähnt, daß der „Aszendent" zum Ausdruck bringt, wie Sie der Umwelt gegenüber erscheinen, während die Stellung des Mondes, auf die wir im Kapitel 8 näher eingehen, im Horoskop wesentlich für Ihr Seelenleben und Ihre Gefühlswelt ist.

Es ist keine große Mühe, den Aszendenten und die Stellung

des Mondes im Horoskop zu ermitteln. Selbst ein AstrologieAutomat am Bahnhof oder Flughafen druckt Ihnen schnell diese Daten aus, wenn Sie ihn mit Ihrem Geburtsdatum und Ihrem Geburtsort füttern. Mit unserer Sternzeichen-Serie haben Sie dann das Werkzeug in der Hand, um mehr über sich selbst zu erfahren.

Die Geschichte der Astrologie

Das Wort „Astrologie" setzt sich aus den beiden griechischen Wörtern „Astron" (Stern) und „Logos" (Wort, Weisheit) zusammen. Wenn man es wörtlich übersetzen möchte, könnte man von der „Sprache der Sterne" oder besser von der „Sternenweisheit" sprechen.
Das wichtigste Grundwerkzeug für die Astrologie ist das

Horoskop, ein weiteres Wort aus dem Griechischen, das am treffendsten mit „Stundenzeiger" übersetzt wird. Im Horoskop wird nach astronomischen Grundsätzen die Stellung der Ge stirne im Augenblick der Geburt aufgezeichnet. Da es einige schnell laufende Planeten gibt, können manchmal wenige Minuten ein deutlich verändertes Horoskop ergeben. Es ist daher für eine eindeutige astrologische Deutung wichtig, möglichst genau die Geburtszeit zu ermitteln. Sollten also demnächst einige dieser Sternenkinder bei Ihnen vorbeischauen, versuchen Sie auch in der Aufregung der Geburt mit einem Auge auf die Uhr zu schauen. Sie werden später dafür dankbar sein – und Ihre Kinder auch!

Die Ursprünge

Die Anfänge der Astrologie verlieren sich im Dunkel der Geschichte. Zu allen Zeiten hat das sternenübersäte Himmelszelt die Menschen mit Ehrfurcht erfüllt. Viele Religionen haben sogar Gott oder die Götter am Sternenhimmel angesiedelt, denn die Menschen suchten stets nach einem „sichtbaren" Ausdruck dieser verborgenen Kräfte, von deren Wirken sie nichts wußten.

Die Babylonier, etwa im 4. Jahrtausend v. Chr., scheinen die ersten gewesen zu sein, die sich die Frage stellten, ob die Bewegung der Gestirne möglicherweise eine verborgene Botschaft der Götter darstellte. Also begannen sie, die Bewegung der Lichter am Sternenhimmel aufzuzeichnen, und sie stellten eine gewisse Regelmäßigkeit fest. Was lag also näher, als die Gesetzmäßigkeiten festzuhalten. So entstand der erste Kalender!

Auch die Ägypter, von deren tiefem Wissen heute nur noch

die Pyramiden und einige alte Tempelruinen Zeugnis ablegen, waren historisch die nächsten, etwa 2500 v. Chr., die sich in die Deutung der Gestirne vertieften. Sie kleideten ihr Wissen in Mythen und Sagen, aber die eingeweihten Priester vermochten sie zu deuten und ihren tiefen Sinn zu entschlüsseln. Zu jener Zeit war das astrologische Wissen nur wenigen Eingeweihten vorbehalten.
Wenn C. G. Jung, der große Psychologe, später diese Sternenweisheit als den „symbolischen Ausdruck für das innere, unbewußte Drama der Seele“ bezeichnete, so fand er nur neue Worte für ein altes Wissen.
Nach den Ägyptern kamen die Griechen. Auch sie versuchten die Beobachtung des Sternenhimmels zum Erkennen des Schicksals heranzuziehen. Die große griechische Kultur gab der Astrologie, wie auch der gesamten abendländischen Kultur, ihre im wesentlichen heute noch gültige Form. Sie befinden sich also, wenn Sie die Astrologie ernst nehmen, in bester Gesellschaft!

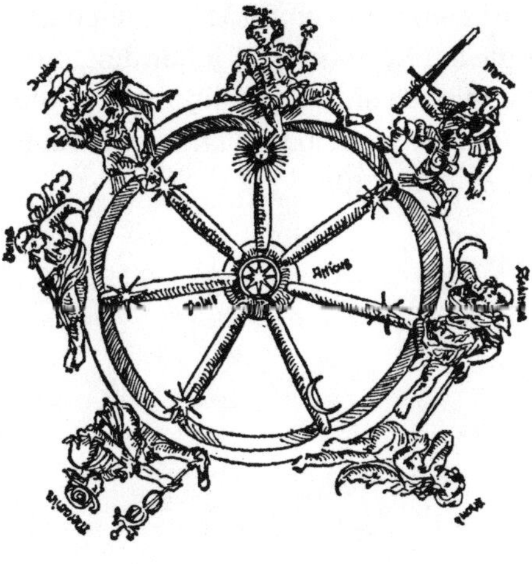

Die Geburtsastrologie

Die Griechen waren es, die erkannten, daß auch die unregelmäßigen Vorgänge am Sternenhimmel, die scheinbar „unberechenbaren“ Bewegungen der Gestirne, die den Babyloniern als „Omen“ gegolten hatten, bestimmten Gesetzmäßigkeiten gehorchten und daher vorausberechenbar waren. Von diesem Augenblick an verlor die Anschauung, daß die Götter den Menschen so ein Zeichen geben wollten, ihre Anhänger. Die alten Sterndeuter begannen, eine individuelle Geburtsastrologie zu entwickeln.

Wichtig für das Verständnis der modernen Astrologie wurde in diesem Zusammenhang ein Satz von Thomas von Aquin: „Die Sterne machen geneigt, aber sie zwingen nicht!“ Diese Erkenntnis setzte sich in weiten Kreisen allmählich durch und findet auch heute immer mehr Anhänger. Damit wird für den einzelnen Menschen deutlich, welche Bedeutung das astrologische Wissen für ihn besitzt. Es hilft ihm, Anlagen, Neigungen, Begabungen oder Talente zu erkennen und zu fördern. Gleichzeitig kann ihn die Astrologie auf Schwächen, Gefährdungen oder problematische Neigungen hinweisen. Immer aber bleibt es in der Verantwortung des einzelnen Menschen, sein Leben selbst in die Hand zu nehmen!

Die Tierkreiszeichen im Laufe eines Jahres

Der *Widder,* das erste Zeichen im Tierkreis, steht für den drangvollen, stürmischen Beginn des Frühlings. Damit der Frühlings-Tagundnachtgleiche etwas Neues beginnt, setzten die Astrologen der Antike den Widder an die erste Stelle im Tierkreis. Der Winter wird kraftvoll vertrieben. Alles kommt natürlich viel zu früh. Die Krokusse stecken schon ihre Köpfchen durch die Erde, wenn noch Schneeflocken durch die Luft wirbeln. Aber so ist es ja immer beim Widder. Er ist nicht zu bremsen, und schließlich überwindet er ja auch Schnee und Eis und verhilft dem Frühling zum Durchbruch.

Dann kommt der *Stier* und bringt den Frühling in voller Pracht zum Ausdruck. Der „Wonnemonat" Mai beginnt. Es ist eine Zeit der Sinnlichkeit und der Hingabe. Menschen vertrauen einander, sind gutmütiger als normal; aber sie sind auch stärker materiell ausgerichtet. Alles wird etwas gelassener und langsamer.

Als letzten im Frühling treffen wir den *Zwilling*. Mit ihm geht der maienhafte Frühling, und die Baumblüte setzt ein. Die Verästelungen bilden sich, und alles wird komplizierter. Aber der Zwilling bringt auch Wachstum, Zergliederung und Oberflächlichkeit.

Der *Krebs* kommt mit der Sommersonnenwende. Der Sommer beginnt. Die Tage sind am längsten, die Nächte nur kurz. Die Wachstumskräfte treten nach außen, und die Samenbildung beginnt. Die Empfindsamkeit und die Empfindlichkeit nehmen zu, aber auch die Empfänglichkeit und das Schwankende. All dies werden Sie beim Sternzeichen Krebs wiederfinden!

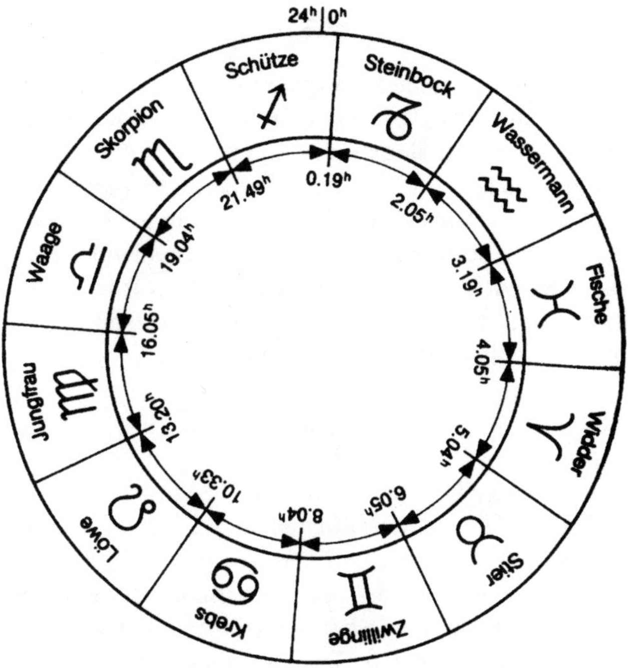

Den *Löwen* finden wir in der Mitte des Sommers. Die Früchte werden reif, und die Sonne durchglüht die Erde. Es ist die heißeste Zeit des Jahres, und die Natur erstrahlt in sommerlicher Fülle. Herzens- und Willensmenschen sind jetzt in ihrem Element. Alles strotzt vor Selbstbewußtsein, Großzügigkeit und überschäumender Lebenskraft.

Mit der *Jungfrau* geht der Sommer zur Neige. Der Himmel ist strahlend klar und blau. Die Erntezeit beginnt. Die Natur stellt sich auf den Beginn eines neuen Lebenszyklus ein. Jetzt geht es um das Ordnen, Sichten und Unterscheiden. Eine sachliche Einstellung ist wichtig, um die Ernte wohlbehalten einzubringen. Es ist von entscheidender Bedeutung, vorsichtig vorzugehen. Man darf nicht zu früh und nicht zu spät ernten. In diesem Geschehen kann eine gewisse Ängstlichkeit heranwachsen.

Mit der *Waage* beginnt der Herbst. Tage und Nächte sind gleich lang. Die Winterhälfte des Jahres hält ihren Einzug. Noch halten sich sommerliche Wärme und winterliche Kälte das Gleichgewicht, und noch immer ist der Himmel hell und freundlich. Die Waage bringt zudem eine wahre Blumenpracht mit sich. Die Sonnenuntergänge zeigen einherrliches Lichtspiel, und das Streben nach Harmonie ist besonders ausgeprägt. Ein großer Schaffensdrang steht in Konflikt mit mangelnder Durchsetzungskraft. Dafür finden wir bei der Waage ein feines Anpassungsvermögen.

Der *Skorpion* ist der „Todesmonat". Er bringt steigende Morgen- und Abendnebel. Das letzte Laub fällt von den Bäumen. Der Skorpion hinterläßt kahle Bäume; aber dennoch zeigen sich an einigen Ästen bereits wieder zarte

Knospen. Es ist eine Zeit des Sterbens und Werdens. Der Skorpion ist zäh und ausdauernd. Er bringt alle Dinge schnell auf den Punkt. Bei ihm finden sich offene Aggressivität und leidenschaftliche Hingabe sowie ein grüblerischer Erkenntnistrieb.

Mit dem *Schützen* neigt sich der Herbst dem Ende zu. Der Winter sendet seine Vorboten über das Land. Der Todesschlaf der Natur kündigt sich bereits an. Die Dämmerungen bringen eine gewisse Schwermütigkeit; aber die Vorweihnachtszeit schenkt etwas Licht. Die Felder sind kahl und verlassen, die Beete abgeerntet und die Gärten leer. Die Stimmung des Schützen ist jedoch voller Idealismus, und deshalb haben es wohltätige Veranstaltungen in der Adventszeit leichter! Religion und Sinnsuche streben ihrem Höhepunkt zu.

Der *Steinbock* bringt das Weihnachtsfest und die Wintersonnenwende. Die längsten Nächte des Jahres sind zu überstehen. Das Licht kämpft mit der Finsternis, um neu ins Leben zu treten. In der Natur herrscht völlige Lebensstarre. Die Welt ist von Eis und Schnee bedeckt. Die Luft ist schneidend und von klirrender Kälte. Der Steinbock kämpft sich jedoch mit unermüdlicher Beharrlichkeit durch. Wir finden zudem Entsagung, Konzentrationsfähigkeit und Sachlichkeit bei ihm, die allerdings mit Teilnahmslosigkeit und Hochmut einhergehen können.

Im *Wassermann* steht der Winter in voller Blüte. Alles Leben ist unter Schnee und Eis verborgen. Am Tage kann die Wintersonne hell blenden, in der Nacht sind die Sterne klar zu erkennen. Es ist die kälteste Zeit des Jahres. Die weiße Schneedecke vermittelt ein Gefühl von Freiheit und Unbegrenztheit. Dem Wassermann sind gesellschaftliche Normen unwichtig; er lebt seinen totalen Freiheitstrieb.

Im Zeichen der *Fische* geht der Winter in den Frühling über. Die Fastenzeit beginnt, und die Schneeschmelze setzt ein. Alles Erstarrte löst sich, und alles Tote wird zu neuem Leben erweckt. Der Erdboden weicht auf, und der menschliche Körper wird verwandelt. Im Zeichen der Fische kommt es auch zu den meisten Todesfällen! Der Fisch neigt zudem zu einer Flucht aus der realen Welt. Unter den Fischen finden wir allerdings auch viele Gemütsmenschen mit echter Nächstenliebe.

Damit ist unsere kurze Wanderung durch die Tierkreiszeichen abgeschlossen, und wir können uns jetzt genauer mit dem dritten Zeichen beschäftigen – dem Zwilling.

Kapitel 1

Grundsätzliches über den Zwilling

Der Zwilling im Tierkreis

Das Zeichen

Der Zwilling ist ein Luft-Zeichen. Er ist das dritte Zeichen im Tierkreis und erstreckt sich im Kalenderjahr vom 21. Mai bis zum 21. Juni.

Das Zeichen und der Planet

Dem Zwilling ist der Planet Merkur zugeordnet, der römische Gott des Handels, der auch als Götterbote bekannt ist.

Das Zeichen und der Edelstein

Dem Zwilling wird der Achat, manchmal auch der Smaragd zugeordnet.
Zum Zwilling gehört auch das Quecksilber und im Schmuckbereich das Platin.

Das Zeichen und seine Farbe

Für den Zwilling ist die Farbe Gelb oder Hellgelb charakteristisch. Da aber Zwillinge abwechslungsfreudige Gesellen sind, werden auch die anderen Farben durchaus ihre Sympathien finden.

Das Zeichen und seine Tiere

Anders als etwa bei Stier oder beim Widder, wird dem

Zwilling kein spezielles Tier zugeordnet. Die Astrologie kennt jedoch eine engere Beziehung des Zwillings zu kleinen Vögeln, Papageien, Schmetterlingen und Affen. Schon bei den Tieren zeigen sich die vielen Facetten des Sternzeichens Zwilling.

Der vielseitige Zwilling

Der Mensch mit den vielen Gesichtern

Dem Zwilling wird nachgesagt, er besitze zwei Persönlichkeiten. Damit wird eindeutig zu kurz gegriffen. Der Zwilling ist ein Wesen mit unendlich vielen Gesichtern und zahllosen, kaum zu erfassenden Wesenszügen. Zudem besitzt er die bemerkenswerte Fähigkeit, all die verschiedenen Aspekte mit dynamischer Offenheit zu leben.

Heute dies und morgen das

Die im Zeichen Zwilling Geborenen gehen beschwingt durchs Leben, weswegen ihnen manchmal das Etikett des *Luftikus* angeklebt wird.
Der Zwilling wird von einer schier unersättlichen Neugier getrieben und betrachtet das Leben als ein einziges großes Abenteuer. Er will das Leben ständig neu erfahren und ist immer bereit, etwas Neues auszuprobieren.

Der Flatterhafte

Zwillinge gelten nicht gerade als beständige Menschen;

eher haftet ihnen der Ruf des Flatterhaften an. Es fehlt ihnen an Ausdauer und Durchhaltevermögen. Sie fangen vieles an, hören aber ebenso schnell wieder damit auf.

Feuer und Flamme

Das Feuer, das den Zwilling antreibt, sich immer wieder in neue Unternehmungen zu stürzen, flammt ebenso schnell auf, wie es wieder erlischt. Wie nicht anders zu erwarten war, züngelt aber schon wieder eine neue Flamme, die sein inneres Feuer entzündet und ihn antreibt – neuen Taten und Abenteuern entgegen.

Der Bluffer

Ein echter Zwilling wird sich jeder Situation gewachsen zeigen. Es gibt keine Schwierigkeit, die er nicht zu meistern vermag. Seine angeborene Redegewandtheit hilft ihm dazu, sich in jeder Lage gut zu präsentieren.
Der Zwilling findet sich leicht in neue Situationen ein und verfügt über ein ausgezeichnetes Beobachtungs- und Einschätzungsvermögen. Er erfaßt mit schnellem Blick die Menschen in seiner Umgebung und glänzt dann durch sein brillantes und selbstsicheres Auftreten.
Natürlich hat ein Zwilling ohnehin überall ein Wörtchen mitzureden.

Ein Leben im Augenblick

Für den Zwilling ereignet sich das Leben jetzt und heute.
Er ist in jedem Augenblick voll anwesend.
Er beginnt den Tag mit den Frühnachrichten, und vor der

letzten Abendparty liegen jede Menge Telefonate mit Freunden und Bekannten. Wenn es so richtig rundgeht, fühlt sich der Zwilling besonders wohl.

Das Herz auf der Zunge

Zwischen Denken und Handeln liegt beim Zwilling nicht mehr sehr viel. Diese gehen mehr oder weniger ineinander über. Da kann es dann schon einmal geschehen, daß dem Zwilling ein sehr direktes Wort über die Lippen kommt. Das wird in der Regel nicht als Beleidigung gemeint sein; denn wenn man es so eilig hat wie der Zwilling, bleibt nicht mehr die Zeit, jedes Wort auf die Goldwaage zu legen.
Man sollte es Zwillingen nicht verübeln, wenn sie den *direkten Weg* zu ihrem Gegenüber suchen. Sie sind von einer einmaligen Direktheit, daß es manchmal verletzend wirken kann. Es ist jedoch meistens vom spontanen Zwilling nicht böse gemeint.

Der Zwilling und seine Mitmenschen

Der Tolerante

Der Zwilling gehört zu den tolerantesten Mitgliedern der Tierkreisfamilie. Er liebt jede Form des Andersseins, des Besonderen und Exotischen. Er bringt viel mehr Sympathie für Sonderlinge und extreme Zeitgenossen auf als für brave und angepaßte Bürger.

Wer so viel Zuneigung für das Fremdartige besitzt, hat natürlich keine Schwierigkeiten, alles gelten zu lassen, was anders ist als er selbst.

Der Vielseitige

Die Vielseitigkeit des Zwillings macht ihn zu einem ausgesprochen interessanten Zeitgenossen. Von daher ist es leicht verständlich, daß Zwillinge gerngesehene Gäste und beliebte Freunde sind. Mit ihnen ist es einfach nie langweilig.
Der schier unerschöpfliche Ideenreichtum des Zwillings führt zu allerlei unerwarteten Aktivitäten, vor allem dann, wenn es niemand erwartet.
Der Zwilling rettet daher nicht selten die Situation, weil ihm in einer scheinbar verfahrenen Lage etwas Unerwartetes einfällt, das den Bann bricht.

Die Sonnenseite des Lebens

Zwillinge lieben die Fröhlichkeit und das gesellige Zusammensein mit Menschen, die sie mögen. Sie leben ungezwungen und vergnügt auf der Sonnenseite des Lebens. Ihnen gefällt alles, was Freude bringt und Spaß macht; und vor allem sollte das Leben im Fluß bleiben. Stillstand finden sie ermüdend und langweilig.

Der Kontaktfreudige

Zwillinge sind immer auf der Suche nach neuen Kontakten. Kaum ein anderes Sternzeichen verfügt über einen so großen Freundes- und Bekanntenkreis.

Der Zwilling kennt für jede Situation den richtigen Menschen; und mit diesem wird das Leben dann wirklich bis zur Neige ausgeschöpft. Langeweile wird dabei kaum auftreten!

Öfter mal was Neues

Es gibt wenig, was dem Zwilling so verhaßt ist wie Langeweile oder Eintönigkeit. Jede Form von Wiederholung, von festgefahrenen Strukturen und überlebten Traditionen wird den Widerstand des Zwillings herausfordern. Er rebelliert gegen das Alte und sucht nach neuen Wegen!
Zwillinge sind von ihrem Naturell her eher ruhelos und mit einer nervösen Grundanlage ausgestattet. Voranschreiten auf alten, ausgetretenen Bahnen wird nicht ihre Sache sein.

Bruder Leichtfuß – Schwester Leichtsinn

Unter den Zwillingen sind verhältnismäßig viele leichtsinnige Schwärmer anzutreffen. Sie müssen nicht unbedingt leichtfertig oder vorsätzlich achtlos handeln; aber sie schießen gerne über das Ziel hinaus. Ihre Spontaneität und Impulsivität ist einfach nur schwer unter Kontrolle zu bekommen.

Wie lebt man mit einem Zwilling

Geduld ist angesagt

Man sollte Zwillinge mit etwas Geduld so nehmen, wie sie sind. Es wird ohnehin kaum Erfolg zeigen, wenn man versucht, sie zu verändern. Dafür wird es mit ihnen nie langweilig – und das ist doch auch nicht schlecht!
Der Zwilling ist außerordentlich sprunghaft. Und daher fällt es schwer, ihn auszurechnen oder seinen nächsten Schritt vorherzusehen. Mit einem Zwilling weiß man nie, was der nächste Augenblick für Überraschungen bereithält.

Zwillingsbruder und Zwillingsschwester

Während der Zwilling in der Öffentlichkeit immer charmant und liebenswert daherkommt, kann er im eigenen Heim auch ein anderes Gesicht zeigen. Dort legt er manchmal eine Rechthaberei und eine Unbeherrschtheit an den Tag, daß man geneigt ist zu glauben, man habe es mit seinem Zwillingsbruder oder seiner Zwillingsschwester zu tun.

Der Direkte

Der Zwilling wird Ihnen immer unverblümt sagen, was er von Ihnen oder der Situation hält. So wissen Sie zumin-

dest, woran Sie mit ihm sind und was er an Ihnen mag und was er nicht mag.
Da Zwillinge zudem sehr gewandt mit dem Wort umzugehen vermögen, wird er seine Meinung geschickt in einen gewählten Wortschwall und üppig ausgeschmückte Geschichten kleiden.

Die fehlende Ausdauer

Der Zwilling ist schnell, spontan und impulsiv in seinem Handeln, aber er ist nicht gerade mit Ausdauer gesegnet. Als die Ausdauer im Himmel oder auf Erden verteilt wurde, müssen die Zwillinge gerade mit etwas anderem beschäftigt gewesen sein.

Der mit dem Leben flirtet

Ruhe gehört für Zwillinge zu den Fremdworten. Sie stürzen sich kopfüber ins volle Leben und müssen den Finger immer am Pulsschlag der Zeit haben. Daneben stehen und zuschauen gilt nicht.

Das Fremdwort Häuslichkeit

Wenn es eines gibt, wonach der Zwilling sich fast überhaupt nicht sehnt, so ist dies eine brave Häuslichkeit. Er liebt die Abwechslung, und wenn er diese zu Hause nicht findet, wird er sie anderswo suchen.

Der feinfühlige Zuhörer

Der Zwilling ist einfach an allem interessiert, auch an den

Problemen anderer Menschen. Dieser Wesenszug macht Zwillinge zu feinfühligen und aufmerksamen Zuhörern. Aufgrund ihrer Spontaneität und Kreativität fällt ihnen zudem häufig eine Lösung ein. Allerdings sollte diese für sie nicht mit zu großen Schwierigkeiten verbunden sein.

Der Zwilling und sein Lebensstil

Die Individualisten

Zwillinge verkörpern die individualistische Grundstimmung in ihrer vollkommenen Form und mit aller Entschiedenheit. Sie bestimmen ihr eigenes Gesetz des Handelns und lassen sich nicht von Konventionen oder Traditionen begrenzen.
Sie sind aufgeschlossen und neugierig auf der Suche nach der *anderen Sache* und auf der Suche nach dem *anderen Menschen.*

Die Allround-Probierer

Wenn es irgendwo im Leben etwas auszuprobieren gibt – vom Essen bis zur neuesten Sportart –, dann sind die Zwillinge mit von der Partie. Es sitzt ihnen geradezu die Sorge im Nacken, sie könnten etwas versäumen. Vielleicht entdecken andere ja etwas Aufregendes vor ihnen.
Die Zwillinge sind die Allround-Probierer des Tierkrei-

ses, denen nichts unmöglich erscheint und die für alle Abenteuer zu gewinnen sind.

Das Organisationstalent

Kochen für die Abendgesellschaft, auf die Kinder aufpassen und dabei Fernsehen schauen – kein Problem für den Zwilling.
Dazu muß natürlich ein tragbares Telefon zur Hand sein, denn während er mit Gott und der Welt plauscht, erledigt der Zwilling noch schnell seine Hausarbeit, seine Schulaufgaben oder die liegengebliebene Buchhaltung. Er kann vieles gleichzeitig tun, ohne sich dadurch überfordert zu fühlen. Flexibel, wie der Zwilling nun einmal ist, macht er aus jeder Situation das beste.

Heute so, morgen so

Ein Zwilling wird sich nicht festlegen; und sollte es doch einmal vorkommen, dann nur deshalb, weil er nicht nachgedacht hat. Er wird sich nicht in ein festes Konzept einbeziehen lassen.
Zwillinge finden es äußerst einengend, wenn sie feste Termine einhalten müssen, die möglicherweise noch wöchentlich wiederkehren. Heute ist der Tag der Tage; und wer weiß schon, wo er morgen steht oder wohnt oder wer möglicherweise seine Lebensbahn kreuzt.

Vor dem Zwilling bleibt nichts geheim

Wenn Sie sich auf ein intensives Gespräch mit einem Zwilling einlassen, so vergessen Sie dabei nicht, daß er

alles aus Ihnen herauskitzeln wird. Seine angeborene Neugierde und seine gewinnende Freundlichkeit, gepaart mit seinem Interesse an den Mitmenschen, läßt seinen Gesprächspartner auftauen und erzählen. Dabei öffnet sich manche Herzenstür überraschend weit.
Es ist keine Seltenheit, wenn Zwillinge nach einem einzigen Gespräch mehr über einen Menschen wissen als dessen beste Freunde.

Der Begeisterungsfähige

Wenn der Zwilling Spaß an einer Sache gefunden hat, wird er sich ihr mit Feuereifer verschreiben. Dabei kann er vollständig die Zeit vergessen und sich bis Mitternacht in seine neue Aufgabe stürzen.
In diesem Geschehen kann es ihm dann widerfahren, daß er die eigentlichen Pflichten des Lebens ziemlich vernachlässigt. Doch erfreulicherweise – für ihn – stört ihn das wenig.

Eine Zeit der Stille

Der Zwilling sucht selten nach Stille und Ruhe, nach Einsamkeit und innerer Einkehr. Wenn aber das Bedürfnis dafür entsteht, ist die Zeit wirklich reif. Auch der Zwilling benötigt manchmal eine Zeit der inneren Ruhe, um seine Batterien neu aufzuladen und seine innere Ordnung wiederherzustellen.
Auch ein Zwilling benötigt einen Mittelpunkt, vielleicht sogar mehr als andere Menschen. Denn für diese Wesen, die wirbelnd durch das Leben tanzen, ist der innere Ruhepunkt das Zentrum, von dem aus sie ihre wilden Jagden starten.

Kopflosigkeit

Die Impulsivität des Zwillings führt immer wieder dazu, daß man ihm Kopflosigkeit vorwirft. So ganz von der Hand zu weisen ist dieser Vorwurf auch nicht, wenn man sich den Lebensstil des Zwillings betrachtet. Trotzdem muß er seine fünf Sinne gut unter Kontrolle haben, sonst könnte er sein gewaltiges Tagespensum gar nicht bewältigen.

Die Finanzreserven

Wenn Sie finanzielle Probleme haben, wird der Zwilling nicht der richtige Ansprechpartner sein. Geld fließt ihm durch die Finger. Zwar besitzt er die besten Absichten, etwas für später oder für schlechte Zeiten zurückzulegen, aber es gelingt ihm nie.
Zwillinge leben einfach zu sehr im Hier und Jetzt. Heute tanzt das Leben; und wer weiß, was morgen ist.

Ein Zwilling ist nicht vollkommen

Den Zwillingen werden besonders viele kleine Schwächen nachgesagt. Sie gelten als sprunghaft und oberflächlich, dazu zählen sie nicht gerade zu den Ordentlichsten, und ihr Freiheitsdrang übersieht gelegentlich einmal ein paar Pflichten. Dies alles beruht durchaus auf realen Gegebenheiten, doch muß man für den Zwilling entschuldigend anmerken, daß ihr *enormes Lebenstempo* ihnen einfach keine Zeit für die *kleinen und unwichtigen* Dinge des Lebens läßt.
Der Zwilling erwartet von Ihnen Toleranz und Großzügigkeit in allen Lebensfragen – schließlich gewährt er sie Ihnen ja auch!

Kapitel 2

Der Zwilling im Beruf

Begabungen und Talente

Der Schnellmerker

Der Zwilling verfügt über eine überaus rasche Auffassungsgabe. Damit ist er die ideale Besetzung für Positionen, in denen Flexibilität und Ideenreichtum gefordert sind. Aus seiner Sicht gesehen, ist dabei allerdings vor allem *seine* Abwechslung von Belang; denn er möchte auf keinen Fall in irgendeinem Routinejob versauern.

Der Zwilling arbeitet gerne

Der Zwilling besitzt durchaus eine positive Einstellung zu seiner Arbeit, allerdings sollte sein Job auch seinen Idealen und vielfältigen Interessen entsprechen. Hinzu kommt natürlich eine angemessene Bezahlung, denn das Geld benötigt der Zwilling wiederum, um seinen zahllosen Hobbys und sonstigen Leidenschaften frönen zu können. Schließlich darf auch seine Freizeit nicht von Langeweile getrübt werden.

Die Schmetterlinge

Zwillinge können auch beruflich etwas unstet sein. Wenn sie ein neuer Job mehr anzieht, weil er interessantere Aufgaben und mehr Abwechslung verspricht, so sind sie schon davon.
Von einer Blüte zur nächsten gezogen!

Eine gesunde Halbbildung

Da Zwillinge sich für absolut alles interessieren, haben sie auch von allem eine *Ahnung*. Allerdings bleibt es meistens bei der Ahnung.
Zwillinge besitzen ein umfassendes „Pseudo-Wissen", das sie noch dazu glänzend an den Mann oder die Frau bringen. Anfänglich wirkt dies auch sehr beeindruckend; aber wehe ihnen, wenn jemand gründlich nachfragt, der von einem bestimmten Gebiet wirklich etwas versteht. Dann kann es zu sehr unangenehmen Situationen kommen.

Kommunikation steht im Mittelpunkt

Zwillinge weisen nicht nur einen unwiderstehlichen Charme auf, sie verfügen auch über die Gabe, mit großer Eleganz das Wort zu führen. Sie sind daher überall dort am richtigen Platz, wo Kommunikation gefragt ist.
Live ist ein Zwilling überzeugend, denn in der aktuellen Situation des Gesprächs kommt es auf Spritzigkeit und Ausstrahlung an, nicht unbedingt auf Fachwissen und Tiefgang.

Teamgeist

Zwillinge können sich sehr gut in eine Gruppe einfügen. Teamgeist ist etwas, das ihnen bei allem Individualismus nicht fremd ist. Da sie auch Freude am Dialog und der Diskussion haben, bereichert ein Zwilling in der Regel jeden Kollegenkreis.

Ein Zwilling denkt mit

Wenn Sie einem Zwilling eine Aufgabe übertragen, können Sie davon ausgehen, daß er in einer veränderten Situation selbständig mitdenkt. Er wird nicht stur an einer vorgegebenen Anweisung festhalten, wenn sich überraschend die Vorgaben ändern, sondern sich kreativ der neuen Lage anpassen.

Neue Aufgabenstellungen

Zwillinge werden weniger Probleme als andere haben, sich in einen neuen Aufgabenbereich einzuarbeiten. Sie verfügen über eine überaus rasche Auffassungsgabe, die es ihnen ermöglicht, sich in die neuen Probleme einzufühlen und sie kreativ zu bewältigen.
Wenn unerwartet Probleme bei einem großen Projekt auftauchen, bietet es sich an, einen Zwilling zu entsenden, um die Situation zu retten.

Die Projektleitung

Der Zwilling ist ein wahres Organisationstalent, und je vielschichtiger und facettenreicher eine Aufgabe ist, um so leichter fällt es ihm, die Projektleitung zu übernehmen und alle Aktivitäten meisterhaft zu koordinieren.
Besonders effektiv wird der Zwilling arbeiten, wenn es in seinem Team ein paar „Arbeitsbienen“ gibt, die ihn von aller eintönigen Routinearbeit befreien. Wenn er seinen Geist frei fließen lassen kann, wird dies inspirierend auf die ganze Gruppe wirken.

Ideenreichtum und Erfindungsgeist

Sein Ideenreichtum ermöglicht es dem Zwilling immer wieder aufs neue, Wege zu finden, um auf einfallsreiche Weise Probleme zu lösen. Er ist schier unbezahlbar, wenn es darum geht, mit seiner angeborenen Cleverneß und seinem sprudelnden Einfallsreichtum Wege aus Sackgassen zu finden. Im Notfall *erfindet* der Zwilling die Wege einfach.
Doch auch das „Erfinden“ will ja gekonnt sein!

Der künstlerische Zwilling

Eine kreative, künstlerische Ader findet sich bei Zwillingen in stark ausgeprägter Form. Überall dort, wo neue Ideen und Veränderungen gefragt sind, befindet sich der Zwilling in seinem Element.
Das graphische Gewerbe dürfte ihn besonders ansprechen, vor allem wenn es um Gestaltung, Layout und Aufmachung geht. Auch die Veränderung von eingeführten Produkten hinsichtlich Verpackung und Design wird ihn reizen.
Eine besondere Faszination übt auf den Zwilling die Modebranche aus. Hier bleibt nie etwas so, wie es im Jahr zuvor war. Muster, Stoffe, Schnitte, Farben und Trends ändern sich in Windeseile. Hier kann die Zwillings-Seele ihrer Veränderungsleidenschaft nach Herzenslust frönen. In diesem Beruf wird sie nicht unter Langeweile und Eintönigkeit zu leiden haben.

Abneigungen

Ausdauer ist nicht seine Stärke

Der Zwilling ist ein schneller und sicherer Arbeiter. Er packt zu, ist kreativ und denkt mit; allerdings darf man nie aus den Augen verlieren, daß der Zwilling über keinerlei Ausdauer verfügt. Ihn mit einer Aufgabenstellung zu konfrontieren, die sich durch langwierige, sich endlos hinziehende Arbeitsprozesse charakterisiert, würde einen elementaren Fehler darstellen.
Die Zwillings-Fähigkeiten müssen sinnvoll genutzt werden, nur dann ist er ein wertvolles Mitglied im Team. Für die Geduld und Ausdauer erfordernden Tätigkeiten lassen sich andere Mitarbeiter gewinnen; ein Zwilling wäre hier eine verschenkte Arbeitskraft.

Eintönigkeit ist ihm verhaßt

Wenn Sie einen Zwilling über Aktenberge in der Ablage setzen oder ihm die Berechnung endloser Tabellen auftragen, können Sie sicher sein, den Posten in Kürze wieder neu besetzen zu müssen. Kein Zwilling wird einen solchen Job lange aushalten.
Nichts ist einem Zwilling mehr verhaßt als Eintönigkeit. Sein Beruf muß Abwechslung mit sich bringen und ihn ständig neu herausfordern. Nicht nur in seinem Leben, sondern auch in seiner Berufstätigkeit sucht der Zwilling ständig neue Aufgaben. Fühlt er sich mit der neuen Aufgabenstellung konfrontiert, wird diese seine ganze Kreativität und seine volle Einsatzkraft freisetzen. Er wird

vor Ideen sprühen und zielsicher an ihrer Umsetzung arbeiten – dies sollte allerdings nicht zu lange dauern!

Der Bürotrott

Auch wenn etwas seit dreißig Jahren in derselben Art und Weise erledigt wurde, muß dies ja nicht bedeuten, daran noch bis in alle Ewigkeit festzuhalten. Veränderung tut not, also setzen wir einen Zwilling darauf an!
Aber Achtung: Dem Zwilling werden alle Kollegen ein Greuel sein, die dem alten Bürotrott seit endlosen Zeiten gefolgt sind. Doch dies dürfte auch umgekehrt der Fall sein! Hier sind Spannungen vorprogrammiert, und es bedarf eines gehörigen Fingerspitzengefühls, um zwischen dem revolutionären, stürmischen Zwilling und dem altgedienten Bürohengst ausgleichend zu wirken. Zumal der Zwilling kaum einsehen wird, daß auch die bewährte alte Methode eine gewisse Berechtigung hat – oder zumindest hatte.
Zum Glück ist der Zwilling bei aller Direktheit doch oft auch liebenswürdig, so daß die Konflikte harmonisch lösbar sind.

Entscheidungen fallen dem Zwilling schwer

Ein Zwilling ist nicht entscheidungsunfähig, er kann in konkreten Situationen durchaus schnell reagieren; aber wenn es um Grundsätzliches geht, fällt es ihm schwer, sich festzulegen.
Dem Zwilling, wie auch den anderen Luft-Zeichen, behagt es überhaupt nicht, unwiderrufliche Entscheidungen zu treffen. Die anderen Möglichkeiten klingen doch auch

verlockend und bieten ihren Reiz. Vielleicht sollte man diese erst einmal ausprobieren, bevor man wirklich eine endgültige Wahl trifft. Wer sich festlegt, muß auf so viele andere Alternativen verzichten – und dies fällt dem Zwilling wahrlich nicht leicht.
Das Resultat dieser zögerlichen Verhaltensweise kann dann darin bestehen, daß der Zwilling sich vollständig verzettelt, sich zuviel vornimmt und letztlich zu keinerlei Ergebnissen kommt. Da er aber immer schon wieder eine neue Idee hat, kommt dem Zwilling dieser grundsätzliche Mangel gar nicht richtig zu Bewußtsein.

Der Unabhängige

Einen Zwilling darf man in keiner Weise einengen, das trifft seinen ganz wunden Punkt. Jegliche Einschränkung seines individuellen Freiraumes ist ihm zutiefst verhaßt und wird seinen entschiedenen Widerstand finden.
Ein Zwilling wird sich nur mit äußerstem Widerwillen an eine starre Arbeitszeit anpassen; er benötigt unbedingt einen Job mit riesigen Spielräumen innerhalb der Gleitzeit.
Wenn es bestimmte starre Regeln innerhalb eines Betriebes gibt – wobei es keine Rolle spielt, ob es um das Kantinenessen oder die Parkplatzvergabe geht –, so wird der Zwilling dagegen rebellieren. Alles Starre und alle Reglementierungen bereiten ihm Schwierigkeiten.
Wenn der Zwilling mit seinem äußeren Umfeld im Widerstreit steht, wird das auf seine innere Befindlichkeit zurückwirken. Es gilt also für den Zwilling mehr als für manche andere Mitglieder des Tierkreises, ihm soviel Freiraum wie möglich zu gewähren. Es wird sich auszahlen!

Selbstgespräche

Wenn der Zwilling keinen geeigneten Gesprächspartner zur Hand hat, neigt er dazu, Selbstgespräche zu führen. Er spricht gleichsam mit seinen anderen Wesenszügen, die dann zum Dialogpartner werden. Für den unsichtbaren Zuhörer wäre es aufschlußreich, einem solchen inneren Dialog zu lauschen. Er könnte interessante Aufschlüsse über die vielen Facetten der jeweiligen Zwilling-Persönlichkeit liefern.

Kein Blick zurück

Mit einem Zwilling wird es schwierig, eine klare Vergangenheitsbewältigung zu leisten. Er wird, selbst wenn man eindringlich nachbohrt, keinen Blick zurückwerfen. Selbst wenn er auf eigene Fehler aufmerksam gemacht wird, so interessieren diese ihn nicht. Sein Blick ist nach vorne gerichtet, auf neue Horizonte.

Diese Eigenschaft des Zwillings weist ihre positive und ihre negative Seite auf. Einerseits kann er unbelastet von alten Problemen und Verletzungen seinen Weg suchen, andererseits nimmt er sich die Möglichkeit, aus den Fehlern der Vergangenheit zu lernen und sie in Zukunft zu vermeiden.

Es steht aber nicht zu erwarten, daß diese Einsicht den Zwilling zu einer tiefgreifenden Veränderung anregen wird.

Vorgesetzte und Mitarbeiter

Der unangepaßte Kollege

Wenn der Zwilling in einer größeren Firma angestellt ist, benötigt er einen Chef, der ihm alle Freiheiten gewährt. Dies ist nicht immer ganz einfach.
Muß ein Zwilling sich den starren Regeln einer Behörde oder Dienststelle unterwerfen, kann ihn dies regelrecht krankmachen. Wahrscheinlich wird er eher eine Revolte anzetteln, als sich unterzuordnen.
Da aber nicht immer alle Vorgesetzten Neigung für die Freiräume und unorthodoxen Vorstellungen ihrer Zwillings-Mitarbeiter verspüren, sind Konflikte oft vorprogrammiert. Sie müssen dabei nicht nur nach oben ausgetragen werden; auch die *Dienst-nach-Vorschrift-Kollegen* sind ein rotes Tuch für den Zwilling und können leicht Anlaß für Streitereien sein.

Immer auf Wanderschaft

Zwillinge wechseln nicht nur oft die Arbeitsstelle, sie satteln sogar beruflich ganz um und steigen in einer anderen Branche ein. Diese Unstetigkeit macht es für ihre Vorgesetzten nicht immer leicht, langfristige Planungen mit ihnen anzustellen.
Zwillinge sind aufgrund ihrer Interessenvielfalt zwar vielseitig einsetzbar; aber kaum haben sie sich an ihrem neuen Arbeitsplatz richtig eingearbeitet, überfällt sie schon wieder die Langeweile, und es geht erneut auf Wanderschaft. Die vielen Abgangszeugnisse müssen daher nicht gegen

die berufliche Qualifikation eines Zwillings sprechen; sie zeigen eher an, daß seine bisherigen Tätigkeiten ihn nicht vollständig ausgefüllt und gefesselt haben. Vielleicht ist der neue Job ja endlich die richtige Herausforderung.
Aber sicher kann man sich dabei mit einem Zwilling nie sein!

Der Motivationskünstler

Der Zwilling wird durch seine heitere Lebensart immer zur Verbesserung des Arbeits- und Betriebsklimas beitragen. Wenn irgendwo in der Firma ein Motivationskünstler gesucht wird, zahlt sich fast immer die Wahl eines Zwillings aus. Er muß gar nicht der am besten qualifizierte Mann in einem Team sein; aber möglicherweise ist er genau die Person, die das Team zu einer vollkommen harmonischen Einheit zusammenführt. Diese Qualität sollte man niemals außer acht lassen; sie kann sich bezahlt machen!
Allerdings darf man niemals ganz aus den Augen verlieren, daß ein Zwilling immer einen Schuß *Bruder Leichtfuß* in sich trägt. Selbst wenn er dies noch für sich selbst kontrollieren kann, so ist es doch nicht auszuschließen, daß der Leichtsinn sich auf andere Kollegen und Kolleginnen fortpflanzt, die dann weniger gut damit umzugehen vermögen.

Im Herzen des Taifuns

Einen Zwilling kann man in einem Arbeitsteam oder einer Abteilung nicht irgendwo hinsetzen. Gerade Zwillinge müssen sehr bewußt plaziert werden. Sie müssen genau ihren Fähigkeiten entsprechend eingeplant werden, um wirklich Nutzen für das große Ganze zu bieten.

Am besten ordnet man Zwillingen einen Arbeitsbereich zu, der mitten im Zentrum aller Aktivitäten liegt. Die Hektik wird sie gegebenenfalls eher anspornen als verunsichern. Ihr Organisationstalent wird es ihnen noch dazu ermöglichen, das Chaos in den Griff zu bekommen; allerdings auf ihre unkonventionelle Weise.
Die Routinearbeiten überläßt man dann besser den Kollegen, die es etwas weniger hektisch bevorzugen.

Die neue Ordnung

Wenn Sie eine Umstrukturierung Ihrer Firma planen, ist der Zwilling der richtige Mann oder die richtige Frau für sie. Er oder sie werden unerschütterlich an Ihrer Seite stehen und mit ihrer raschen Auffassungsgabe und Flexibilität den ganzen Laden umkrempeln.
Zwillinge werden durch Veränderungsmaßnahmen niemals irritiert, ganz im Gegenteil – sie werden sie begrüßen. Wahrscheinlich werden sie noch während der Neuordnung weitere Ideen und Verbesserungsvorschläge vorbringen, alles andere wäre geradezu gegen ihre Natur, aber diese können durchaus sinnvoll und nutzbringend sein.
Es lohnt sich immer, Zwillinge in die Planung für eine neue Ordnung mit einzubeziehen.

Der kontrollierte Ehrgeiz

Man kann beim Zwilling nicht unbedingt von einer Strebernatur sprechen, aber er verfügt doch über einen gesunden Ehrgeiz. Sowohl als Chef als auch als Kollege sollten Sie einem Zwilling die gebührende Anerkennung nicht versagen. Wenn Sie es ganz geschickt anstellen, so

loben Sie ihn vor versammelter Mannschaft. Ein Zwilling kann es durchaus genießen, wenn er eine dicke öffentliche Anerkennung einheimsen kann. Er zählt zwar nicht zu den ausgesprochenen Strebern im Tierkreis, aber sicher auch nicht zu den völlig selbstlosen Naturen.
Ein Lob wird ihn allerdings nicht zu mehr Beständigkeit motivieren.

Der Nabel der Welt

Zwillinge fühlen sich dort besonders wohl, wo das Leben in Hülle und Fülle pulsiert.
Sie sollten daher überall dort eingesetzt werden, wo sie ihre ausgeprägten Kommunikationsfähigkeiten voll einbringen können. Die Rezeption einer großen Firma oder eines Grand-Hotels wäre kein schlechter Platz für sie. Auch die Telefonzentrale, gerade bei internationalen Firmen, die auf die Sprachbegabung des Zwillings zurückgreifen möchten, wäre eine gute Wahl.
Bei großen Fluglinien sollten Zwillinge am Ticket-Counter eingesetzt werden. Auch wenn die Passagiere verrückt spielen, wird der Zwilling die Situation charmant meistern.
Diese Fähigkeit käme ihm natürlich auch als Steward oder Stewardeß zugute, zumal er bei diesem Beruf ganz besonders das Gefühl hätte, dem Nabel der Welt nahe zu sein. Flugzeuge und die große weite Welt sind schon sehr nahe am Ideal eines Zwillings!

Der Zwilling-Chef

Mit einem Zwilling als Chef haben Sie es sehr gut getroffen. In der Regel wird er oder sie umgänglich und ver-

ständnisvoll sein und nicht den großen Boß spielen. Ganz im Gegenteil, einem informativen Plausch auf dem Flur oder im Fahrstuhl steht er aufgeschlossen gegenüber.
Ein Zwilling ist auch als Chef ernsthaft am Leben seiner Mitarbeiter interessiert. Eine Qualität, die Sie vielleicht noch schätzen lernen werden.

Am Puls der Zeit

Der Zwilling wird als Chef eines Unternehmens mit größter Wahrscheinlichkeit nicht den Zeitgeist verschlafen. Er ist wach und verfolgt die Entwicklungen des Marktes mit großer Aufmerksamkeit. Neue Trends und Entwicklungen werden nicht unbeachtet an ihm vorbeiziehen. Er wird seine Firma notfalls schnell auf einen neuen Kurs einstellen und sie erfolgreich durch stürmische Phasen steuern.
Im Verhandlungspoker sollten sein Charme und seine Kommunikationsfähigkeit ihm stets gute Karten verschaffen. Es gelingt ihm, in wichtigen Verhandlungen Spannungen zu entschärfen und die Gespräche in die richtige (für ihn!) Richtung zu lenken.

Führung ist nicht immer angesagt

Als Mitarbeiter unter einem Zwilling-Chef sollten Sie sich darauf einrichten, notfalls auch allein ein angefangenes Projekt zu einem guten Ende zu führen. Es kann nämlich durchaus geschehen, daß Ihr Chef mittlerweile das Interesse an dem ganzen Projekt verloren hat und schon längst anderen Zielen, Idealen und Visionen nachjagt.

Selbständigkeit

Der Unabhängige

Es kann keine Frage sein, daß Zwillinge besonders danach streben werden, aus vorgefertigten Rahmen auszubrechen und ihre eigenen Projekte zu verwirklichen. Sie lieben die Unabhängigkeit, die mit der Selbständigkeit verbunden ist.

Wenn sie sich allerdings entschließen, eine eigene Firma zu gründen, sollten Zwillinge unbedingt darauf achten, einen *Mann fürs Grobe* einzustellen oder sich einen Geschäftspartner zu suchen, der speziell für die alltäglichen kleinen Dinge zuständig ist, die für den Erfolg einer Firma ebenfalls von Belang sind.

Impulsivität kann schädlich sein

Der Zwilling wird kaum dazu zu bewegen sein, bei wichtigen Entscheidungsprozessen seine Impulsivität und Spontaneität zu zügeln. Dies kann sich bei weitreichenden Investitionen oder Erneuerungen als verheerend erweisen.

Der Zwilling sollte, wenn er in die Selbständigkeit gewechselt ist, immer die nötige Vorsicht walten lassen.

Besser einmal nachdenken als zweimal falsch entscheiden.

Die Kontaktperson

Alle im Sternzeichen Zwilling Geborenen liebes es, Kontakte herzustellen. Vielleicht sollten sie Spielervermittler in der Bundesliga werden oder Agenten für Schauspieler, Tänzer oder Sänger.
Sie sind die geborenen Vermittler zwischen allen wichtigen Gruppen, die an einem Großereignis beteiligt sind.

Zwillinge als Börsianer

Wenn das Termingeschäft an der Börse hektisch wird, ist ein Zwillings-Makler so richtig in seinem Element. Die schnellen Entscheidungen, die verlangt werden, sowie das außerordentlich Arbeitstempo, das dieser Job vorgibt, kommen ihnen entgegen.
Leider kann ihnen manchmal der Leichtsinn einen Strich durch die Rechnung machen, und wenn es dann das Geld von Fremdanlegern war . . .

Der Vertreter

Wenn Sie Ihren Außendienst verbessern wollen, achten Sie darauf, Ihre Vertreter-Mannschaft mit möglichst vielen Zwillingen zu bestücken. Ihr angeborenes Feingefühl vermittelt ihnen ein nahezu perfektes Verständnis für den Kunden. Sie werden ihm im Plauderton Komplimente machen und dabei Blatt für Blatt der Bestellformulare ausfüllen.
Der Zwilling plaudert und plaudert, und verkauft, verkauft, verkauft!

Mode

Eine Traumbranche für den selbständigen Zwilling wurde bereits angedeutet – die Modewelt. Die wechselnden Trends, die neuen Modelle, die aufregenden Models und das besondere Flair dieser Branche – was könnte sich der Zwilling Schöneres wünschen.
Die Haute Couture liefert den Nährboden, auf dem ein Zwilling sich wohl fühlt und gedeiht!

Der Schauspieler

Der Zwilling besitzt unzählige Facetten. Als Schauspieler muß er sich manchmal gar nicht verstellen; er braucht nur sich selbst zu spielen. Zwillinge sind die geborenen Film-, Fernseh- oder Theaterschauspieler. In fremde Rollen zu schlüpfen und andere Gesichter aufzusetzen liegt kaum einem Tierkreiszeichen mehr als dem Zwilling.
Manchmal fragt sich der Zuschauer: Ist er so, oder spielt er nur so gut?

Die Regenbogen-Presse

Im journalistischen Fach sind Zwillinge überdurchschnittlich häufig vertreten. Ihre angeborene Neugierde findet in diesem Metier ein schier endloses Betätigungsfeld.
Allerdings muß zugegeben werden, daß es eher nicht die seriöse Tagespresse ist, die die Zwillinge ganz besonders reizt, sondern eher die Regenbogen-Presse. Mit ihren kleinen Skandälchen und Schmuddelgeschichten.
Der Zwilling neigt nicht zur mühselig und sorgfältig

recherchierten Analyse, sondern eher zur spektakulären Story. Die knallige Überschrift entspricht ihm mehr als die detaillierte Auflistung parlamentarischer Versäumnisse.

Der Reiseleiter

Der Duft der großen weiten Welt besitzt für den Zwilling schon früh einen magischen Hauch. Das Unbekannte und ferne Welten locken mit unwiderstehlicher Anziehungskraft.
Der Beruf des Reiseleiters käme diesen Sehnsüchten entgegen und könnte auch das Verlangen nach Abenteuern und das ausgeprägte Fernweh stillen.
Die Kommunikationsbegabung des Zwillings gibt ihm noch dazu alle Fähigkeiten an die Hand, um in diesem abwechslungsreichen Beruf erfolgreich und beliebt zu sein. Immer neue Menschen kennenzulernen lieben die Zwillinge; und ihre Sprachbegabung erleichtert es ihnen, in fremden Ländern schnell Kontakt zur einheimischen Bevölkerung zu finden.
Zwillingen gelingt es in bewundernswerter Weise, Ost und West sowie Nord und Süd zu verbinden. Ihre Toleranz hilft ihnen dabei, auch das Fremdartige und Unbekannte vorurteilsfrei zu prüfen und allmählich kennen und lieben zu lernen.

Dem Zeitgeist auf der Spur

Ob der Zwilling als Modeberater arbeitet oder im Kosmetiksalon die letzten Schönheitstips an die Frau oder den Mann bringt, immer wird er in seinem Beruf versuchen,

Kontakt mit Menschen herzustellen und dem Zeitgeist auf der Spur zu bleiben.
Langeweile bleibt für Zwillinge ein Fremdwort, und wenn sie es dabei schaffen, den Erfolg nicht ganz aus den Augen zu verlieren, können sie es vielleicht zu einer eigenen Agentur bringen.

Kapitel 3

Der Zwilling und die Liebe

Der Lebenskünstler und die Lebhafte

Der Individualist

Der Zwilling steht mit dem Wörtchen „wir“ auf Kriegsfuß. Er ordnet sich nur schwer unter und sucht eher seinen eigenen Weg. Als ausgeprägter Individualist steht er oder sie immer auf eigenen Beinen und wird auch in einer Beziehung den persönlichen Freiraum verteidigen.
Seine Freiheit geht dem Zwilling über alles!

Der Charmeur

Wenn der Ausdruck vom „Luftikus“, in dem ja auch das Wort „Kuß“ steckt, für ein Tierkreiszeichen besonders zutreffend gewählt ist, dann für die im Zeichen Zwilling Geborenen.
Diese luftigen Vertreter der großen Sternzeichen-Familie stürzen sich mit Begeisterung und Lebensfreude in jedes Abenteuer. Sie sind keiner neuen Bekanntschaft abgeneigt und immer auf der Suche nach interessanten Begegnungen.
Achtung: Wenn Sie auf einen Zwilling treffen, so müssen Sie wissen, daß er einen schier unwiderstehlichen Charme entfalten kann!

Der originelle Verführer

Zwillinge, Männer ebenso wie Frauen, sind ausgesprochen originelle Wesen. Sie können äußerst bezaubernd

sein und entfalten einen unglaublichen Einfallsreichtum in Beziehungen. Diese beiden Qualitäten lassen die Zwilling-Geborenen sowohl bei ihm als auch bei ihr schnell ans Ziel kommen.
Zwillinge sind einfach überaus reizende Geschöpfe und noch dazu außerordentlich amüsant. Was will man/frau mehr?
Zwillinge verstehen es, das Interesse des anderen Geschlechts zu wecken. Was sich daraus dann entwickelt? Wer kann das vorhersagen? Schon gar nicht bei einem Zwilling, der ja ganz im Hier und Jetzt lebt!

Sicherheit? Beim Zwilling Fehlanzeige!

Bevor Sie sich kopfüber in die Beziehung mit einem Zwilling stürzen, müssen Sie wissen, daß Sie sich in einer Beziehung mit einem Zwilling nie ganz sicher sein können. Gerade für jene Vertreter und Vertreterinnen des Tierkreises, für die Treue und Sicherheit ein entscheidendes Thema sind, können Beziehungen mit einem Zwilling zu erheblichen Schwierigkeiten führen.
Der Zwilling kann sehr schnell heiß entflammt sein und in Liebe lodern – aber die Flamme brennt manchmal auch sehr schnell wieder herunter. Für den Zwilling ist das natürlich kein Problem; schließlich gibt es ja unendlich viele mögliche Partner, die ihn neu entflammen können. Aber was wird mit dem zurückbleibenden Partner? Hoffentlich nicht nur ein Häufchen Asche!

Der Ungebundene

In der Beziehung mit einem Zwilling gibt es eine sehr

treffende und hilfreiche Faustregel: Je fester man einen Zwilling binden will, desto schneller ist man/frau ihn los!

Wie in seinem ganzen Leben, so stellt der Zwilling auch in der Liebe sein Freiheitsbedürfnis über alles.

Eher gibt er eine durchaus kreative und inspirierende Beziehung auf, bevor er sich in einen goldenen Käfig sperren läßt. Das wäre sein sicheres Ende!

Der spritzige Partner

Der Zwilling liebt seine Unabhängigkeit, und die sollte sein Partner unter allen Umständen respektieren, schon um seines eigenen Nutzens willen.

Solange ein Zwilling sich frei und ungebunden fühlt, ist er ein feinfühliger, witziger Partner, voller Spritzigkeit und mit einem Sack von interessanten Ideen und verrückten Einfällen.

Lassen Sie Ihrem Zwilling Raum, und Sie werden eine faszinierende Zeit mit ihm/ihr verleben!

Lebenslust hoch drei

Wer eher eine ruhige Beziehung anstrebt, sollte die Hände von einem Zwilling lassen. Ihre Spontaneität wird immer im Vordergrund stehen und die Partnerschaft in allen ihren Aspekten bestimmen.

Der Zwilling steht mit einem Bein immer schon auf der nächsten Party, und sein Partner sollte es lernen, darauf vorbereitet zu sein. Wer mit einem Zwilling lebt, sollte auch selbst eine gehörige Portion Unternehmungsgeist mitbringen, sonst könnte es geschehen, daß er bei der

Lebenslust und dem Lebenstempo des Zwillings auf der Strecke bleibt.
Es gehört schon Power dazu, um mit dem Zwilling auf gleicher Höhe und in gleicher Intensität zu leben.

Der bunte Hund

Ein Zwilling wird sich kaum aufhalten lassen, wenn es darum geht, seinem ungewöhnlichen Lebenswandel nachzugehen. Zwillinge sind „bunte Hunde", die mit Sicherheit nicht erst um Erlaubnis fragen, wenn sie etwas Neues fasziniert hat. Sie gehen einfach ihres Weges!
Die spontane Einladung ganzer Horden von Freunden, der Kurzurlaub mit einem Freund oder einer Freundin, der Sprung in die Kneipe nebenan – der Zwilling wird sich von einer Sekunde zur anderen dazu entschließen. Seinen Partner oder seine Partnerin stellt er ganz einfach vor vollendete Tatsachen.
Um mit dem Zwilling umzugehen, haben Sie nur zwei Möglichkeiten: Sie üben entweder Toleranz, oder Sie lassen es bleiben.
Aber möglicherweise ist der nächste Partner oder die nächste Partnerin bei weitem langweiliger als Ihr ehemaliger spritziger Zwilling?

Bitte kein Mißtrauen

Mißtrauen ist ein schlechter Ratgeber im Umgang mit einem Zwilling. Leben und leben lassen, das ist seine Devise – und die erwartet er auch von Ihnen.
Sollten Sie etwa gar zum Mittel des inquisitorischen Verhörs greifen, werden Sie den Zwilling von einer anderen

Seite kennenlernen. Er wird ohne Schwierigkeit die entsprechenden Worte finden, um Sie in die Schranken zu weisen. Und los sind Sie ihn dann wahrscheinlich ohnehin. Aber vielleicht war das ja Ihre Absicht?

Ein Lebenspartner ohne Netz

Zwillinge tanzen auf vielen Hochzeiten

Feste Beziehungen mit einem Zwilling sind nicht unproblematisch. Der Zwilling tanzt auf vielen Hochzeiten, aber möglicherweise nie auf seiner eigenen.
Nur in den seltenen Fällen wird der Zwilling seinen Partner zu seinem Lebensinhalt machen. Dazu gibt es viel zu viele andere interessante Menschen; und der Zwilling bleibt in seinem Wesen nun einmal etwas flatterhaft.

Bloß keine Szene

Wenn Ihr Zwilling statt um 22 Uhr erst um 4 Uhr in der Früh nach Hause kommt, sollten Sie es unbedingt vermeiden, ihm eine Szene zu machen. In seiner lockeren Art ist dem Zwilling ein solches Vorgehen verhaßt. Er verabscheut Spannungen und wird immer versuchen, ihnen zu entgehen.

Der „Aushäusige“

Zwillinge verfügen über einen schier unerschöpflichen Bekanntenkreis. Ihr Telefonnummernverzeichnis unter-

scheidet sich nur unwesentlich vom Telefonbuch einer mittleren Kleinstadt.
Diesem Bekannten-Schwarm wird es immer wieder gelingen, den Zwilling aus dem Haus zu locken. In seiner Kontaktfreudigkeit bedarf es dazu auch keiner großen Überredungskünste. Der Zwilling liebt Menschen und wird Schwierigkeiten haben, um sich auf einen Partner allein zu konzentrieren.
Aus diesem Grund ist für den Zwilling ein toleranter Partner gefragt, der immer bereit ist, einen Teil seines Lebens auch alleine zu verbringen, während der Zwilling „on the road" ist!

Beziehung heißt Wachstum

Beziehungen dürfen für einen Zwilling nicht zur bloßen Routine verkommen. Wenn eine Beziehung keine kreative Spannung mehr bietet, wird er sich wieder auf die Suche begeben.
Beziehungen sollen für Zwillinge ihren Horizont erweitern und neue Aspekte des Menschseins erschließen helfen.
Beziehungen sollen zudem in ungezwungener, fröhlicher Atmosphäre stattfinden. Den Streß und die Langeweile einer kleinbürgerlichen Idylle vor dem heimischen Herd wird sich ein Zwilling nur schwer antun.

Immer für eine Überraschung gut

Zwillinge sind schwer auszurechnen und immer für eine Überraschung gut. Es liegt an ihrem Partner, wie er das aufnimmt. Von der spontanen Einladung ins Konzert,

zwei Stunden vor Beginn, bei einer Stunde Anreise, bis zum Kurztrip auf die Malediven, weil das Wetter gerade schlecht ist, kann da das Spektrum reichen.
Wenn es ganz dumm läuft, hat sich Ihr Zwilling allerdings kurzfristig für einen anderen Reisebegleiter oder eine attraktive Reisebegleiterin entschieden. Nehmen Sie es nicht persönlich. Es ist auch nicht so gemeint.
Zwillinge sind eben immer für eine Überraschung gut, und darauf sollten Sie sich gefaßt machen!

Was stört mich mein Geschwätz von gestern

Dieser liebenswert schrullige Satz, den einmal der deutsche Bundeskanzler Adenauer als Richtlinie seiner Politik ausgegeben hat, trifft in einmaliger Weise auch auf das Wesen des Zwillings zu.
Auch wenn ein Zwilling heute dies oder das sagt, so kann doch morgen alles ganz anders sein. Seine luftige Art macht es allen seinen Partnern schwer, ihn einzuschätzen und zu verstehen.
Der Zwilling selbst findet sich jedoch ganz normal!

Der Mitfühlende

Zwillinge sind keinesfalls in ihrer eigenen Welt eingesponnen, mag diese auch noch so interessant und abwechslungsreich sein. Sie vermögen ein großes und ehrliches Mitgefühl für ihre Partner und Mitmenschen aufzubringen. Sie besitzen zudem ein ausgeprägtes Feingefühl und Einfühlungsvermögen. Zudem sind sie gute Menschenkenner.
Den eigenen Gefühlen, vor allem wenn sie schmerzlich sind, geht ein Zwilling gerne aus dem Weg. Es entspricht

nicht seiner Lebensart, sich mit dieser Schattenseite seines Wesens auseinanderzusetzen. Hier können Probleme entstehen.

Zwillinge als Herausforderung

Die Sprunghaftigkeit und Unberechenbarkeit des Zwillings läßt ihn zu einer echten Herausforderung für die eher beständigen und etwas konservativeren Vertreter des Tierkreises werden, vor allem für die Jungfrauen, Stier und Steinböcke.
Heute so und morgen so, diese Einstellung läßt ihn in ihren Augen manchmal oberflächlich erscheinen, und dies kann zu entsprechenden Diskussionen führen. Dabei sollten die Herausgeforderten wissen, daß gerade das gegenteilige Naturell auch die Inspiration für einen Neubeginn mit sich bringt.

Der immerwährende Neuanfang

Zwillinge sind immer auf dem Sprung und auf der Suche. Ohne das Gefühl des Neuen, des noch nie Dagewesenen, kann der Zwilling nicht leben. Er müßte, wollte er sich nur am Bekannten und Althergebrachten orientieren, vollständig seinem Naturell zuwider leben und handeln – und dies kann er nicht.

Langeweile ist tödlich

Für kaum ein anderes Tierkreiszeichen ist Langeweile der Horror schlechthin. Sie stellt für einen Zwilling einen geradezu unerträglichen Zustand dar; und sollte sich Lan-

geweile in seiner Beziehung einstellen, so wird der Zwilling schnell das Weite suchen.
Wollen Sie also eine langfristige Beziehung mit einem Zwilling aufbauen, so achten Sie unbedingt darauf, daß in ihm/ihr immer ein Feuer brennt.

Der Zwilling-Mann

Der Flirt ist sein Metier

Der Zwilling bevorzugt in seiner männlichen Ausprägung unkomplizierte Beziehungen. Dabei kann die Bandbreite zwischen Kameradschaft und Sex durchaus weit gefächert sein, denn der Zwilling ist grundsätzlich keinem Flirt abgeneigt. Daraus muß sich dann ja nicht immer eine enge Beziehung entwickeln, häufig bleibt es eine lose Freundschaft oder Bekanntschaft.
Mit den eher mystischen, geheimnisvollen und undurchsichtigen Frauen des Tierkreises wird er nur deshalb flirten, weil ihn das Abenteuer reizt. Eigentlich sind ihm diese Frauen zu schwierig.

Flexibilität ist erforderlich

Eine Frau, die sich auf eine Beziehung mit einem Zwilling-Mann einläßt, sollte über eine gehörige Portion Flexibilität verfügen. Nichts ist am Abend so verlaufen, wie es mit dem Zwilling am Morgen geplant war.
Aus dem gemütlichen Abendessen zu zweit wurde ganz plötzlich eine mittelgroße Party, und der geplante

Schwimmbadbesuch endete unerwartet im Theater. Zum Glück hatte *sie* natürlich alles im Auto, denn mit einem Zwilling weiß man ja nie.
Auf alle Fälle ist Abwechslung angesagt!

Der charmante Zwilling

Wenn Sie mit einem Zwilling *nichts* anfangen wollen, müssen Sie sich wirklich Mühe geben, seinem Charme nicht zu erliegen. Es wird allerdings schwierig sein, sich dagegen zu wappnen.
Wenn sich die Männer unter den Zwillingen in den Kopf gesetzt haben, eine bestimmte Frau zu erobern, werden sie eine Brillanz an den Tag legen, die ihresgleichen sucht.
Sie werden als Frau verblüfft oder auch geschmeichelt sein, was dem Zwilling so alles einfällt, um Sie zu erobern. Es ist einfach unvorstellbar!

Widerstand ist manchmal Selbstschutz

Natürlich kann man auch einem Zwilling-Mann nicht alles durchgehen lassen, schon weil auch die verliebteste Frau einmal an sich denken muß. Es wird ihr allerdings nicht leichtfallen, ihren Zwilling in seinem übersprudelnden Ideenreichtum zu bremsen. Zumal in diesem Bereich Vorsicht und Fingerspitzengefühl gefragt sind.
Ihrem Zwilling darf es niemals auffallen, daß Sie jetzt das Kommando übernommen haben und er, ohne es zu merken, nach Ihrer Pfeife tanzt. Vorsicht ist hier die Großmutter der Porzellankiste!

Der Tänzer

Wenn man einen Zwilling befragen würde, wie denn seine Traumfrau aussähe, so würde er sich eine unkomplizierte, fröhliche Partnerin wünschen, die, ähnlich unbeschwert wie er selbst, vergnügt mit ihm durch das Leben tanzt. Bei diesem „Tanz durch das Leben“ darf es allerdings auch keine Einschränkungen geben. Für Tränen und Vorwürfe ist in seiner Dramaturgie des Lebens kein Platz im Drehbuch vorgesehen.

Wenn Sie meinen, Sie müßten Ihren Zwilling an der Leine halten, dann gibt es dafür nur eine Möglichkeit – sie sollte außerordentlich lang und vollständig durchsichtig sein. Bei allen anderen Varianten werden Sie an Ihrem Zwilling-Mann und seinem Freiheitsdrang scheitern.

Dosierte Eifersucht

Der große Meister des Flirts wird natürlich immer wieder mit dem Problem der Eifersucht konfrontiert. Schon aufgrund dieses leicht ausschweifenden Lebenswandels muß das Thema immer wieder auf den Tisch des gemeinsamen Hauses kommen. Aber bitte sehr dosiert!

Wenn dem Zwilling-Mann die Eifersucht in Form eines Hauches umweht, wird sie ihm nicht unangenehm sein. Im Gegenteil, sie wird ihm schmeicheln und sein ohnehin nicht geringes Selbstwertgefühl noch weiter aufwerten. Niemals sollten Sie ihm die Eifersucht in Form von Szenen und Vorwürfen präsentieren. Wenn schon, dann lustig und hübsch verpackt.

Der ewige Jungmann

Ein Zwilling wird nur schwer erwachsen. Da er zudem mit einer vitalen, schier ewigen Jugendlichkeit ausgestattet ist, benimmt er sich entsprechend. Er wird noch mit 55 flirten wie ein Twen, und auch mit 60 sind Abenteuer nach wie vor ein spannendes Thema für ihn.
Das ist zwar ein anstrengendes Leben, aber es hält auch Sie frisch und lebendig!

Der letzte Schrei

Schon bei der Berufsanalyse wurde deutlich, wie stark der Zwilling von der Mode fasziniert ist. Er wird sich immer dafür interessieren, was gerade „in" und aktuell ist. Seine Sicherheit in der Kombination von Farben und Stilrichtungen muß allerdings nicht ganz fehlerfrei sein. Daher kann der „letzte Schrei" schon einmal in einer *schreienden Farbe* enden, die Sie allerdings auch den ganzen Abend ertragen müssen.
Vielleicht wäre vor dem Verlassen des Hauses ein gemeinsamer Kleider-Check nicht verkehrt, nur dürfen Sie ihm nicht gleich auf den Kopf zusagen, daß Sie die Kombination von Hose, Jackett, Anzug und Krawatte geradezu gräßlich finden und sie eine Körperverletzung für das Auge darstellen.
Ein bißchen Diplomatie ist hier gefragt.

Ruhe tut not

Eigentlich wäre eine ausgeglichene, etwas ruhigere Part-

nerin ideal für den aufgedrehten Zwilling; doch wird er sich gerade diesen Frauen-Typ nicht suchen.
Den Zwilling zieht das schrille, ungewöhnliche weibliche Geschlecht an. Zudem muß sie ihm einen Hauch von Abenteuer versprechen können.
Allerdings ist der häusliche Halt, sofern er ihm mit der beschriebenen Toleranz und Großzügigkeit bereitet wird, ein Beitrag, den er auf Dauer gesehen zu schätzen lernen weiß. Hier wird er die Ruhe finden, die er bei seinem Lebenswandel so außerordentlich dringend benötigt.

Seine Schattenseiten

Der Gegenpol zum Witz, zur Schlagfertigkeit und zur Genialität des Zwillings besteht aus Launenhaftigkeit und Sprunghaftigkeit. Es sollte hier allerdings klar herausgestellt werden, daß diese negativen Aspekte nur in einer Atmosphäre auftauchen, in welcher der Zwilling-Mann sich unzufrieden fühlt. Vielleicht liegt hier der Schlüssel auch bei Ihnen?
Herrscht jedoch in einer Beziehung eitel Sonnenschein, so findet eine Frau einen herzlichen, fröhlichen und kameradschaftlichen Partner an ihrer Seite.

Selbstbewußte Frauen und Zwilling-Männer

Die im Sternzeichen Zwilling geborenen Männer können gut mit unabhängigen, selbstbewußten Frauen auskommen. Er wird auch genügend Toleranz und Größe aufbringen, um Sie Ihren eigenen Weg finden zu lassen; nur

sollte er nicht wirklich „zu kurz“ kommen, wenn Sie Ihrem eigenen Pfad folgen.
Der Zwilling profitiert gerne von den Erfahrungen anderer, und die Erweiterung Ihres Horizonts wird er gerne zur Kenntnis nehmen und sie zu seiner eigenen machen.
Der Zwilling nimmt hier möglicherweise neue Formen von Beziehungen vorweg, die auf mehr Vertrauen, größerer Toleranz und geistiger Offenheit aufbauen.
Jede Frau sollte sich aber im klaren sein, auf welches Experiment sie sich mit ihrem Zwilling-Mann einläßt.

Die Zwilling-Frau

Die Lebenskünstlerin

Die Zwilling-Frau ist eine ausgesprochene Frohnatur. Sie lebt nach dem alten Motto: „Mach es wie die Sonnenuhr, zähl die heit'ren Stunden nur!“
Voller Lebensbejahung schreitet sie durch den Tag; und sollte das Schicksal ihr einmal einen Stein in den Weg legen, so wird sie mit Geschick und guter Laune das Hindernis aus dem Weg räumen oder es umgehen.
Für eine Frau, die als Zwilling geboren wurde, sind die traurigen Stunden im Leben gezählt.

Immer anders

Weibliche Zwillinge unterscheiden sich in keiner Weise von ihren männlichen Geschlechtsgenossen. Auch sie suchen das beziehungsweise den „andere(n)“. Es muß doch

immer wieder etwas oder jemand Neues zu entdecken geben.
Auf diesem Weg ist die Zwilling-Frau von außerordentlicher Erfindungsgabe charakterisiert. Immer wieder entfaltet sie einen neuen Wesenszug, der eine neue Note in den Tag bringt.

Bloß keine Langeweiler

Ein weiblicher Zwilling sucht sich natürlich einen Mann, der ihr geistige Anregung und spritzige Unterhaltung bietet. Wichtiger als manches andere sind ihr Charaktereigenschaften wie Offenheit, Humor und ein äußerst vielseitiges Interessensgebiet.
Wenn ihr Partner dann auch noch in einem etwas ungewöhnlichen Outfit daherkommt, so soll ihr das recht sein. Zumindest wird er wohl kein Langeweiler sein, und das ist von vorrangiger Bedeutung.

Gleichberechtigung ist ein Muß

Zwilling-Frauen sind auf dem Emanzipationsweg schon weiter vorangeschritten als ihre Geschlechtsgenossinnen mancher anderer Tierkreiszeichen. Von daher kann es gar keine Frage geben, daß sie sich natürlich einen Partner sucht, der ihrer Freiheitsliebe voll entspricht. Sie hält sich alle Türen offen, und ihr Partner wird das respektieren müssen.
Von einem althergebrachten Rollenspiel hält sie überhaupt nichts. Die Beziehungen von Mann und Frau werden neu gestaltet, und in diesem Geschehen spielt die Zwilling-Frau eine entscheidende Rolle.
Sie ist eine Vorkämpferin der Gleichberechtigung.

Seitensprünge

Zwilling-Frauen nehmen sich ohne zu zögern die gleichen Rechte wie ihre männlichen Gegenüber. Gelegentliche Seitensprünge sind daher bei ihnen ohne weiteres im Rahmen, vor allem wenn sie ihnen von der männlichen Seite präsentiert werden. Sie werden sich zielstrebig *ihren* Seitensprung suchen – und auf eine Szene verzichten.
Zwar sind nicht alle Zwilling-Frauen gleich tolerant, aber die Tendenz dazu zeigt sich bei ihnen in weitaus stärkerem Maße als bei anderen Vertreterinnen des Tierkreises.

Kein „Heimchen am Herd“

Weibliche Zwillinge suchen die Inspiration von außen. Männer, die sich eher das „Heimchen am Herd“ wünschen, sind mit einer Zwilling-Frau schlecht beraten.
Sie vertritt selbstbewußt ihre Eigenständigkeit und ist ständig auf der Suche nach neuen Erfahrungen. Dabei kann es sich um neue Beziehungen, aber auch um Herausforderungen auf anderen Ebenen des Lebens handeln.

Die herzliche Partnerin

Frauen, die im Sternzeichen Zwilling geboren wurden, zeichnen sich durch eine enorme Herzlichkeit aus. Wenn man sie zu nehmen weiß, ergibt sich aus der Beziehung mit ihnen eine wunderbare Partnerschaft, die immer wieder mit einer neuen Prise Lebenswürze erfüllt wird.
Eine solche Beziehung zählt zu den wirklichen Geschenken, zumal sie von beiderseitigem Wachstum und Respekt geprägt ist.

Erfolgreich im Beruf

Die Zwilling-Frau wird eine erfolgreiche Berufstätigkeit dem wohlgeordneten häuslichen Leben vorziehen. Dabei stellt es für sie keine Frage dar, daß sie im Berufsleben „ihren Mann“ steht. Gleichberechtigung ist für sie kein Diskussionsthema, sondern eine gelebte Wirklichkeit.
Hier sollte wohl verstanden werden, daß die weiblichen Zwillinge keine Emanzen im schlecht verstandenen Sinne darstellen, keine Blaustrümpfe und männermordende Vamps, sondern Frauen, die an einer echten, gleichberechtigten Partnerschaft interessiert sind.

Die stets Jugendliche

Auch die weiblichen Zwillinge, zumal sie vielfach von schlanker Statur sind, zeichnen sich durch eine schier unvergängliche Jugendlichkeit aus. Ihr großes Interesse an allem und jedem führt außerdem noch dazu, daß sie selten im Sessel sitzen und so keine gewisse rundliche Behäbigkeit entwickeln.
Zwilling-Frauen sind bis ins Alter aktiv und von einer geradezu unerschöpflichen Vitalität erfüllt.

Ein Hauch Oberflächlichkeit

Böse Zungen unter den Astrologen behaupten, bei Frauen des Sternzeichens Zwilling sei Oberflächlichkeit besonders ausgeprägt. Aber hier sollte man in Rechnung stellen, daß relativ wenig Zeit zum Nachdenken und Verarbeiten bleibt, wenn man ständig auf der Suche nach Neuem ist.

Es bleibt einfach nicht die Muße für das meditative Nachsinnen.
Jedes Sternzeichen hat seine Qualitäten!

Charmant und bezaubernd

Weibliche Zwillinge verfügen über einen so umwerfenden Charme, daß man ihnen einfach nicht lange böse sein kann. Man sieht ihnen zwangsläufig vieles nach, denn ihr reizendes Wesen, das auch in einer fröhlichen häuslichen Umgebung zutage tritt, wirkt ansteckend.
Die Partnerschaft mit ihr ist entsprechend harmonisch, lustig, humorvoll und beschwingt. Die im Sternzeichen Zwilling geborenen weiblichen Wesen sind wunderbar leicht auszuhalten, und eine Beziehung mit ihnen besitzt immer das gewisse prickelnde „Etwas“.

Die Kontaktfreudige

Für eine Frau im Sternzeichen Zwilling sind Kontakte das Salz in der Suppe des Lebens. Sie sind ein wahres *Muß* für sie; und so wird geflirtet, geredet und gelacht, solange der Tag dauert. Ohne dieses Lebensgefühl würde der weibliche Zwilling vereinsamen und erkranken. Bevor es soweit kommt, würde sie wahrscheinlich eher ihre Koffer packen und eine Weltreise unternehmen, wenn es ihre Finanzlage erlaubt. Zumindest aber eine Reise in den sonnigen Süden müßte es sein.
Kein anderes weibliches Geschöpf aus dem großen Tierkreis ist so kontaktfreudig und gesellig und verfügt über einen derartig großen Freundeskreis.

Der Zwilling und seine Beziehungen

Der Zwilling und der Widder

Fast ein Traumpaar

Sowohl der Widder als auch der Zwilling sind spontan, lebenslustig, voller Unternehmungsgeist und weitgehend unkompliziert. Das bildet eine gute Basis für gemeinsame Aktivitäten.

Der Zwilling, als Luft-Zeichen, kann schon einmal ein Auge zudrücken, wenn der Widder wieder einmal über das Ziel hinausschießt. Außerdem besitzt er durch seinen Einfallsreichtum die einzigartige Begabung, den Widder aus so mancher mißlichen Lage herauszuboxen, in welche jener sich durch seine Impulsivität wieder einmal leichtfertig hineinmanövriert hat.

Es wird den Zwilling auch sehr viel Arbeit kosten, den Widder von der Treue zu überzeugen, denn bekanntlich liebt es dieser, auf vielen Hochzeiten zu tanzen. Allerdings ist der Zwilling noch ein ziemlich guter Partner für die Lösung dieses Problems.

Wenn es zwischen dem Widder und dem Zwilling gefunkt hat, stürzen sich beide mit viel Schwung und Elan ins Liebesleben, allerdings sollten sie die gutgemeinten Ratschläge beachten und sich vor allzu viel Akrobatik vorsehen.

Der Zwilling und der Stier

Zwei unterschiedliche Temperamente

Mit dem Stier trifft der Zwilling auf ein Wesen, das ganz anders ausgerichtet ist als er. Der Stier kann durchaus kurzfristig an der Andersartigkeit des Zwillings, an der Vielzahl seiner Interessen und der ausgeprägten Sprunghaftigkeit Gefallen finden, aber selten für lange Zeit. Die Unterschiede zwischen diesen beiden so grundverschiedenen Sternenkindern sind einfach zu groß und lassen sich nur schwer überbrücken.

Der Stier wird die meiste Zeit damit beschäftigt sein, die vielen Kapriolen des Zwillings zu verstehen, der heute hier und morgen dort ist. Wenn er endlich glaubt, dem sich ständig wandelnden Zwilling auf die Spur gekommen zu sein, ist dieser schon längst über alle Berge.

Der Zwilling, der zu den Luft-Zeichen im Tierkreis gehört, fliegt unbeschwert einfach davon, während der Stier mit großer Anstrengung versucht, wieder Boden unter die Hufe zu bekommen. Können Sie sich einen ausgewachsenen Stier auf einem fliegenden Teppich vorstellen? Das sähe selbst in den Märchen aus „Tausendundeiner Nacht" seltsam aus.

Unter allen möglichen Kombinationen im Tierkreis findet man kaum zwei unterschiedlichere Temperamente. Nun ziehen sich Gegensätze ja bekanntlich an; aber es steht nirgends geschrieben, daß sie es auch lange miteinander aushalten müssen. Das erscheint angesichts ihrer Verschiedenheit eher fraglich.

Der Zwilling und der Zwilling

Gleich und gleich gesellt sich gern

Zwischen den beiden Luftikussen des Sternkreises wird sich eine lockere Beziehung entfalten, die eine große Bühne benötigt – die Welt. Die beiden Wandervögel werden sich umkreisen und durch die Welt ziehen, aber sicher nicht gemeinsam, händchenhaltend, die Abende vor dem heimischen Kamin verbringen. Die beiden werden keine Langeweile miteinander erleben.
Die Verbindung zwischen zwei Zwillingen dürfte humorvoll und voller Überraschungen verlaufen. Das Leben ist spannungsgeladen und prickelnd, kann aber eventuell unter zuviel Kühle leiden. Zwischen den beiden Zwillingen fehlt sicher die flammende Leidenschaft und der seelische Tiefgang.
Zwillinge werden ihre Beziehung voller Offenheit, Freiheit und Toleranz leben, was keine schlechte Basis ist; aber für eine Liebesbeziehung, die auf Dauer angelegt ist, fehlt die emotionale Basis. Zwischen Zwillingen wird es selten zu verzehrenden Gefühlen voller Romantik und Hingabe kommen.
Wenn auch die Gefühlstiefe fehlt, so können zwei Zwillinge es dennoch schaffen, aufgrund klarer Absprachen, eine harmonische, kreative und nie langweilige Bindung oder Freundschaft einzugehen.

Der Zwilling und der Krebs

Offenheit und Tiefgang

Die Verbindung von Zwilling und Krebs enthält fördernde und hemmende Aspekte, und zwar von beiden Seiten. Sicher wird der Zwilling in der Verbindung zum häuslichen Krebs eine gewisse Geborgenheit finden. Der Krebs bereitet ihm ein Heim, wenn er von seinen zahllosen Abenteuern und Eskapaden einmal Ruhe und Muße zum Sammeln neuer Kräfte benötigt. Allerdings könnte es schon nach einiger Zeit geschehen, daß der Zwilling es als störend empfindet, den Krebs dauernd am Rockzipfel hängen zu haben, was symbolisch, aber auch realistisch gemeint ist.

Der Krebs wird in die Beziehung den Tiefgang einbringen, die dem Zwilling oft fehlt; der Krebs dagegen lernt vom Zwilling Offenheit im Austausch und Klarheit im Ausdruck der eigenen Wünsche und Bedürfnisse.

Wenn aber der Zwilling, wieder einmal in Party-Stimmung, den Krebs in Flirt-Laune von einem Fest zum nächsten hetzt, dürfte es auf der Krebs-Seite viele Tränen geben. Hier stehen zwei sehr verschiedene Lebensauffassungen einander gegenüber, die sich bereichern, aber auch verletzen können. Es liegt ganz in der Reife der beiden Beteiligten, was sie daraus machen.

Wenn der Zwilling mit seiner schnellen Zunge den Krebs zurechtweist, wird es um den häuslichen Frieden schnell geschehen sein; die sich daran anschließende miese Stimmung wird wiederum den Zwilling aus dem Haus jagen.

Ein schwieriger Kreislauf, der nur mit viel Wachheit und Toleranz durchbrochen werden kann.

Der Zwilling und der Löwe

Die beiden Party-Löwen

Eine ziemlich gelungene Kombination. Der Zwilling und der Löwe verstehen sich in den allermeisten Fällen prächtig. Beide Sternzeichen sind unternehmungslustig und lieben die ausgelassene Geselligkeit.
Die herzliche Art des Löwen zeigt dem Zwilling, daß man Nettigkeit auch mit Tiefgang paaren kann. Eine nicht unbedeutende Lektion für den etwas leichtfertigen Zwilling, die er beherzigen sollte.
Der Löwe neigt naturgemäß dazu, seinen Herrschaftsanspruch ziemlich deutlich zum Ausdruck zu bringen. Dies mißfällt dem Zwilling, und er wird die ihm unangemessenen Vorstellungen des Löwen gegebenenfalls ziemlich deutlich zurückweisen. Ein Zwilling haßt es einfach, vom Löwen vor vollendete Tatsachen gestellt zu werden. Ein Zwilling will eben immer ein Wörtchen mitreden.
Die Erotik zwischen den beiden stimmt in der Regel. Besonders knistern wird es bei der Kombination zwischen einem weiblichen Zwilling und einem männlichen Löwen. Hier können von Anfang an die Funken fliegen, und wenn die beiden darüber hinaus auch noch andere Berührungspunkte als das Bett finden, kann sich eine zauberhafte, faszinierende und überaus kreative Verbindung zwischen den beiden entwickeln.

Der Zwilling und die Jungfrau

Hier wird es schwierig

Es ist auf den ersten Blick sichtbar, wo die Probleme liegen werden. Die strenge, ordentliche und genaue Jungfrau einerseits und der flatterhafte, etwas leichtsinnige und ein wenig unordentliche Zwilling andererseits – wie soll das gutgehen?
Jungfrau-Menschen lieben die Häuslichkeit und sind eher sparsam. Genau das kann man vom Zwilling nun wirklich nicht sagen. Hier kann sich der Streit schon an so alltäglichen Dingen wie der Haushaltskasse entzünden. Und wenn der Streit erst einmal ums Geld entbrannt ist, wie soll es dann auf anderen Ebenen zu einer harmonischen Verbindung reichen?
Wenn beide beispielsweise über eine gemeinsame Urlaubsreise nachdenken, so wird die Jungfrau eifrig bemüht sein, alles bis ins kleinste Detail genau zu planen. Während sie noch voll damit beschäftigt ist, wird dem Zwilling dies schon wieder viel zu langweilig sein, und er schwärmt schon wieder von der nächsten Reise, während die bevorstehende noch gar nicht begonnen hat. Schwierig, schwierig, schwierig!
Die Vernunft empfiehlt, zwischen Jungfrau und Zwilling eher auf Distanz zu bleiben. Das wird sich schon deshalb so ergeben, weil die Anziehung zwischen den beiden, nicht allein nur die erotische, einfach nicht ausreichen wird.

Der Zwilling und die Waage

Das Traumpaar

In dieser Kombination haben sich die richtigen zusammengefunden. Der Zwilling wie auch die Waage sind Luft-Zeichen. Beide besitzen die Fähigkeit, sich und auch dem anderen das Leben zu verschönern. Das ist doch schon eine ganz hervorragende Grundlage.
Langeweile wird zwischen dem Zwilling und der Waage ein Fremdwort bleiben. So etwas kennt man höchstens aus anderen Beziehungen, vielleicht zwischen Zwilling und Jungfrau, wie gerade besprochen.
Der Zwilling und die Waage jedoch gehen heiter und sonnigen Gemüts durch das Leben; und selbst bei kleinen Streitigkeiten leidet die Liebe für den anderen nicht. Zudem haben die beiden die ausgeprägte Fähigkeit, über die Kommunikation Schwierigkeiten zu lösen. Beide diskutieren ausgesprochen gerne.
Die Erotik wird von den beiden als zärtliches Spiel gesehen, dem sie sich gerne hingeben, solange die Zeit dafür vorhanden ist. Aber da die beiden sehr kreativ sind, werden die Räume dafür geschaffen, wenn sie beide es wollen.
Zwischen dem Zwilling und der Waage gibt es nur ein Problem – sie können sich beide einfach nicht entscheiden. Aber ein paar Problemchen müssen ja auch in einer Traumkombination noch bestehen bleiben!

Der Zwilling und der Skorpion

Zuviel Tiefe schadet manchmal

Zwei Mitglieder des Sternkreises, die es auf keinen Fall einfach miteinander haben werden. Der Skorpion, ein Wesen mit außerordentlichem Tiefgang, wird den Zwilling in den meisten Fällen für zu oberflächlich halten. Sollte es dennoch zu einer Beziehung zwischen den beiden kommen, so werden die Kritiklust und die andauernde Bemühung des Skorpions, den Dingen auf den Grund zu gehen, dem Zwilling eines Tages zuviel.

Handelt es sich zwischen den beiden um eine intime Beziehung, werden sie mit einem zentralen Problem zu kämpfen haben – der Eifersucht. Die Eifersucht könnte *die* zerstörerische Kraft zwischen Zwilling und Skorpion werden.

Die Kombination, die noch am ehesten Aussicht auf Erfolg hat, ist jene zwischen der Zwilling-Frau und dem Skorpion-Mann. Hier bewirkt die große Andersartigkeit die anfängliche Faszination; doch wird auch auf diesem Feld schon relativ bald die Unterschiedlichkeit nicht mehr zu übersehen sein.

Wenn die Schwierigkeiten massiv werden, dürfte die Verbindung zwischen Zwilling und Skorpion dadurch zu einem Ende kommen, daß der Zwilling sich einfach in Luft auflöst. Eines Tages ist er ausgezogen. Und das war es dann auch!

Der Zwilling und der Schütze

Die Gegen-Zeichen

Zwilling und Schütze stehen sich im Tierkreis im Abstand von einhundertachtzig Grad gegenüber. Aus diesem Grund werden die beiden Sternzeichen als „Gegen-Zeichen“ charakterisiert.

Eine derartige astrologische Stellung bringt immer eine Herausforderung mit sich, da beide sich gegenseitig befruchten können, indem der eine vom anderen lernt. Ein derartiger Prozeß ist bekanntlich nicht immer leicht und erfordert eine gewisse menschliche Reife. Wenn sich die beiden Partner aber der Herausforderung stellen, so erweist sich die Kombination von Zwilling und Schütze als ausgesprochen fruchtbar.

Im einzelnen wird es bedeuten, daß der Zwilling dem Schützen sicher eine Portion Leichtigkeit im Umgang mit dem Leben schenkt, das für den Schützen häufig eine Dimension des Tiefen und Unergründlichen hat. Diesen Abgründen möchte der Schütze auf die Spur kommen, und mit Hilfe des Zwillings läßt sich dies etwas leichter bewerkstelligen.

Der Schütze und der Zwilling sind beide Idealisten; allerdings unterscheidet sich ihre jeweilige Motivation doch erheblich. Das kann in etlichen Fällen zu Mißverständnissen und Fehlinterpretationen führen, da die beiden Sternzeichen bestimmte Situationen und Verhaltensweisen aus ihrem jeweiligen Bewußtsein völlig unterschiedlich interpretieren.

Beziehungen zwischen Zwillingen und Schützen fangen oft wunderschön an, enden aber häufig in einem beide Seiten enttäuschenden Leerlauf.

Der Zwilling und der Steinbock

Mehr Frust als Lust

Zwilling und Steinbock könnten aus ihrer Beziehung etwas machen, wenn sie bereit sind, wirklich aufeinander zuzugehen. Der Zwilling hat das, was dem Steinbock fehlt – und natürlich umgekehrt!
Während der Steinbock mit Ausdauer durch das Leben geht und alle Dinge und Aufgabenstellungen mit Beharrlichkeit und sehr energisch zu einem Ende führt, begegnet der Zwilling dem Leben an sich und seinen Aufgaben im Speziellen mit Humor und Leichtigkeit. Diese Eigenschaften wiederum fehlen dem Steinbock völlig. Hier läge eine Basis für einen befruchtenden Austausch zwischen den beiden Tierkreiszeichen.
Doch in der Regel wird sich die Beziehung zwischen Zwilling und Steinbock anders gestalten. Immer wenn der Steinbock den flatterhaften und unsteten Zwilling zur Rede stellen will, ist dieser schon ausgeflogen. Auf diesem Verhalten läßt sich natürlich keine tiefere Beziehung aufbauen. Auch im alltäglichen Leben häufen sich die Schwierigkeiten. In der kleinen gemeinsamen Küche ist wieder einmal das Abwaschwasser kalt geworden, obwohl der Zwilling an der Reihe war. Aber der hatte natürlich etwas Besseres vor.

So werden die beiden wohl nicht glücklich miteinander werden.

Der Zwilling und der Wassermann

Die beiden Toleranten

Die beiden unabhängigen Sternengeschwister geben eine ziemlich gute Kombination ab. Beide benötigen große Freiräume und sehr viel Toleranz. Glücklicherweise sind sie beide auch in der Lage, diese Forderung dem Gegenüber auch zuzugestehen und zu bewilligen. In dieser Hinsicht sind der Zwilling und der Wassermann Seelenverwandte. Für beide ist ihre Freiheit ein so wichtiges Gut und eine so unbedingte Voraussetzung für eine Beziehung, daß sie Einschränkungen nicht ertragen könnten. In dieser Hinsicht passen die beiden *Liberalen* gut zusammen.
Natürlich gibt es auch zwischen Zwillingen und Wassermännern gelegentlich Streit, aber der wird durch seine humorvolle Komponente und den leichten und beschwingten Unterton schnell entschärft.
Mittels ihrer Kreativität gelingt es den beiden immer wieder, sich neue Bereiche in ihrer Beziehung zu erschließen, die ihnen beiden etwas bedeuten und ihr gemeinsames Leben befruchten. Aufgrund dessen wird die Langeweile im Hause Zwilling – Wassermann nur sehr selten Einzug halten.
Bei so viel Übereinstimmung auf fast allen Ebenen kann man sagen: Hier darf geheiratet werden!

Der Zwilling und der Fisch

Der eine plaudert, und der andere schweigt

Zwischen diesen beiden Bewohnern des Sternkreises wird es nur schwer richtig funken. Während der Zwilling sich plaudernd in luftigen Höhen amüsiert, schwimmt der überaus sensible Fisch in den Tiefen seines Unterbewußtseins und den unergründlichen Reichen seiner Träume und ist dem Lebenstempo des Zwillings einfach nicht gewachsen.

Sobald irgendwelche Probleme oder selbst nur Schwierigkeiten im alltäglichen Leben auftreten, werden sich die Gegensätze deutlich zeigen. Während der Zwilling alles ausdiskutieren möchte, schweigt der Fisch versunken in seinen inneren Welten. Aber wie soll sich eine Beziehung entfalten, wenn der eine ständig spricht und der andere beharrlich schweigt?

Zwischen dem Zwilling und dem Fisch fehlt es einfach an der Fähigkeit zur Kommunikation, zum lebendigen Austausch.

Es dürfte nicht selten sein, wenn schon beim ersten Rendezvous diese Schwierigkeiten deutlich hervortreten. Damit wird dieses naturgemäß für beide Seiten unbefriedigend verlaufen, und oft ist die Verbindung zwischen dem Zwilling und dem Fisch schon wieder zu Ende, bevor sie überhaupt richtig begonnen hat.

Wahrscheinlich ist es auch besser so.

Sexualität: Der Zwilling-Mann

Immer in Dur gestimmt

Ob ein männlicher Zwilling nun verliebt ist oder nicht, wird sich nicht so ohne weiteres durch äußere Zeichen herausfinden lassen. Der Zwilling wird selten mit einem mißmutigen Gesicht herumlaufen. Er ist immer in Dur gestimmt, und seine fröhliche, aufgekratzte Stimmung verändert sich darum kaum. Auf dieser Grundlage ist er immer zu einem Abenteuer bereit, und sein Charme öffnet ihm (fast) alle Türen.

In ewiger Flirt-Laune

Da der Zwilling praktisch immer dazu aufgelegt ist, einen kleinen Flirt zu beginnen, kann man bei ihm nie sicher sein, wie ernst es ihm mit seinen Annäherungsversuchen wirklich ist. Viele Frauen gehen ihm tatsächlich auf den Leim (dem flirtigen Gesellen) und halten sich für die endgültige Auserwählte.
Hier kann es ein böses Erwachen geben. Der Zwilling spielt einfach für sein Leben gern (auch mit dem Feuer!) und bemerkt oft gar nicht, was er mit seinem Verhalten angerichtet hat.

Wenn es den Zwilling *erwischt* hat

Auch den ewigen Flirter erwischt es natürlich einmal

(oder mehrmals?) so richtig. In diesem Fall wird er allerdings aus seinem Herzen keine Mördergrube machen und seiner Angebeteten in Worten und Taten unmißverständlich zu verstehen geben, was er für sie empfindet.
Sollten Sie also mit einem Zwilling-Mann wirklich die große Liebe erleben, wird er Sie schnell darüber aufklären, daß Sie die Erwählte sind. Andernfalls war es nur ein Flirt, wie schon viele zuvor.

Er liebt die Aufgeschlossenen

Der Zwilling wird sich bei möglichen zukünftigen Beziehungen fast nie um die „Konkurrenz" kümmern. Was scheren ihn, den Zwilling, schon die Nebenbuhler. Seine Partnerinnen allerdings müssen seinen Vorstellungen entsprechen, und das heißt vor allem, sie müssen offene, tolerante, aufgeschlossene Frauen sein, die auch ein „spielerisches" Element verkörpern sollten.
Von komplizierten Frauen hält der Zwilling wenig, zum einen weil es ihm nicht unbedingt um Tiefgang geht und zum anderen weil ihm für diesen Frauentyp einfach die Geduld fehlt.

Sex macht das Leben lebenswerter

Mit diesem Motto stürzt sich der Zwilling in sein Liebesleben. Sex ist für ihn eine von den schönen Sachen, die dem Leben Qualität und eine besondere Note verleihen. Allerdings sollte er sich unkompliziert und einfach gestalten – und seine Partnerin sollte entsprechend beschaffen sein. Nur keine schwierige Beziehungskiste, bei der auch im Bett noch diskutiert wird. Das würde den Zwilling endgültig „abstellen".

Bestimmt kein Lüstling

Der Zwilling strebt seine Eroberungen nicht aus rein sexuellen Motiven heraus an. Er kann sicherlich nicht zu den „Lüstlingen" im Tierkreis gerechnet werden. Für den männlichen Zwilling übt das andere Geschlecht eine magische Anziehung aus; und da er die Abwechslung liebt, stehen auf seiner „Liste" wahrscheinlich mehr Beziehungen als bei anderen.
Neugier ist ein starker Triebfaktor beim Zwilling.

Sexualität: Die Zwilling-Frau

Immer auf der Suche

Weibliche Zwillinge sind eigentlich immer auf der Suche nach ihrer männlichen Ergänzung, dem männlichen Zwilling. Ein Zwilling kommt selten allein! Die weiblichen Zwillinge verfügen über einen genügend großen Freundes- und Bekanntenkreis, um immer einen passenden Partner für die jeweilige Situation zur Hand zu haben. Das muß aber nicht heißen, daß sie nicht gleichzeitig offen für den neuen Mann an ihrer Seite wären.

Die Auffällige

Der weibliche Zwilling stellt in seiner reizenden, charmanten Art einen unübersehbaren Blickfang für die Männerwelt dar. Auffällig gekleidet, zieht Frau Zwilling auf jeder Party oder Abendgesellschaft schnell die Blicke der Männer auf sich. Ihre verspielten Verrücktheiten, die sie ganz selbstverständlich auslebt, stellen einen nicht unerheblichen Anreiz für das männliche Geschlecht dar.

Das Leben lockt immer

Dem weiblichen Zwilling wird gelegentlich vorgeworfen, er sei leichtsinnig; doch dürfte man damit ihrem Naturell nicht gerecht werden. Sie bleibt einfach immer jugendlich und dynamisch, eine Frau, die sich auch in reiferen Jahren noch in Abenteuer stürzt und zu allen Arten von Wagnissen bereit ist.

Die Eroberin

In den Augen der „ernsthafteren" Vertreter des Sternkreises sammelt die Zwilling-Frau Beziehungen wie andere Leute Muscheln. Vielleicht ist das ja aber auch als heimliches Kompliment gemeint!
Dem weiblichen Zwilling geht es jedoch weniger um Eroberungen, mit denen sie sich schmücken möchte, als um Abwechslung und Spaß am Leben.

Das erotische Lotterleben

Die Zwilling-Frau ist mit viel erotischem Temperament ausgestattet; und hinter jeder zweiten Ecke lockt sie ein neues Liebesabenteuer. Dabei vergißt sie jedoch leicht, daß sie eigentlich an diesem Abend bereits mit jemandem anders verabredet war. Dieser wird nicht aus bösem Willen versetzt; und es wird dem weiblichen Zwilling auch später leid tun, wenn sie jemanden verletzt hat – aber so ist sie nun einmal.
Die erotisch sehr interessierte Zwilling-Frau kann nun einmal nicht aus ihrer Haut.

Neugierde statt Sex

Für die männlichen Sternenkinder gilt es zu wissen, daß die weiblichen Zwillinge nicht mit einer übermäßigen Sinnlichkeit ausgestattet sind. Es ist nicht in erster Linie das sexuelle Verlangen nach Abenteuer, das sie umtreibt, sondern viel eher der Wunsch nach Abwechslung und neuer, unbekannter Berührung.

Kapitel 4

Gesundheit

Allgemeine Ratschläge

Die kleinen Zipperlein

Den Zwillingen ist eine gewisse nervöse Grundhaltung zu eigen, die sie immer wieder vorwärtstreibt und selten zur Ruhe kommen läßt.
Wenn sie nicht gelegentlich „die Handbremse ziehen“, können Schlafstörungen und zahlreiche kleine Zipperlein auftreten. Diese stellen Alarmzeichen dar und sollten von den Zwillingen ernst genommen werden. Andernfalls kann es zu wirklichen Komplikationen kommen mit langfristigen negativen Folgen.

Selbst die Zeit für den Arzt fehlt

Da Zwillinge grundsätzlich immer in Eile sind, fehlt es ihnen natürlich auch an der Zeit, einen Arzt aufzusuchen. Sollten sie, wenn die Alarmzeichen unüberhörbar werden, sich doch endlich zu einem Besuch aufraffen, wird wahrscheinlich das überfüllte Wartezimmer die besten Absichten zunichte machen.
Lieber besucht ein Zwilling schnell noch einen Freund oder eine Freundin – und darüber wird der Arzt-Termin dann vergessen.

Einkehr tut not

Den besten Ratschlag, den man einem Zwilling erteilen kann, ist jener, regelmäßige Zeiten des Rückzugs einzuhalten. Innere Einkehr ist für den Zwilling unverzichtbar.

Diese Stunden der Muße und Zurückgezogenheit sind von erheblicher Wichtigkeit für seinen Gesundheitszustand und sein allgemeines Wohlbefinden.
Auch ein Zwilling hat keinen endlos laufenden Motor. Entweder die Akkus müssen aufgeladen werden, oder der Tank muß aufgefüllt werden. Für beide Prozesse ist Zeit vonnöten – und die muß sich der Zwilling selbst einräumen.

Auf den Arzt hören

Wenn es den Zwilling einmal erwischt hat – und auch bei seiner an sich guten Gesundheit und großen Vitalität kommt dies vor –, wird es ihm, anders als vielen anderen Geschwistern aus dem Tierkreis, besonders schwerfallen, einmal für längere Zeit das Bett zu hüten. Die angeborene Unruhe und Rastlosigkeit des Zwillings wird ihn aller Wahrscheinlichkeit nach dazu veranlassen, zu früh aufzustehen. Das kann zu einem wirklich bösen Rückfall führen. Der Ratschlag für alle Zwillinge kann daher nur lauten: Auf die Anweisungen des Arztes hören und notfalls im Bett bleiben!

Geist und Körper

Körper und Denken sind beim Zwilling sehr eng miteinander verbunden. Diese enge Verbindung löst zwangsläufig eine Wechselwirkung aus. Wird also das Denken des Zwillings in irgendeiner Weise beeinträchtigt – durch Streß, Kummer, Sorgen, Beziehungsprobleme oder was auch immer –, so zeitigt dies unweigerlich körperliche Folgen. Der Körper wird die „Probleme des Kopfes" deutlich widerspiegeln.

Allerdings kann man die Sache auch umdrehen: Wenn der Körper nicht zu genügender Aktivität angeregt wird, könnte dies . . .
Aber wir wollen hier lieber höflich abbrechen.

Leben wie ein Indianer

Wenn man einem Zwilling einen gut gemeinten Ratschlag geben möchte, dann könnte dieser lauten, wie ein Indianer auf der Pirsch (Kriegspfade sind out!) zu leben. Bei äußerst körperbetonter Aktivität wird zugleich ein vollkommen wacher Geist benötigt.
Diese Kombination von Aktivität und Wachheit ist ideal für den Zwilling, um ein harmonisches Gleichgewicht zwischen Geist und Körper aufrechtzuerhalten oder herzustellen.

Die Schwachzonen des Zwillings

Die Nerven

Von der Astrologie wird dem Sternzeichen Zwilling das Nervensystem zugeordnet. Wenn man die bisher dargelegten Charakterisierungen des Zwillings berücksichtigt, liegt es auf der Hand, warum es zu dieser Zuordnung kam. Der allgemeine Lebenswandel des Zwillings führt zu einer grundsätzlich immer relativ hohen Anspannung des gesamten Nervensystems. Der dadurch bedingte Mangel

an innerer und äußerer Ruhe kann im Ernstfall schwere Gesundheitsrisiken bedingen.
Der Zwilling ist kein Sternzeichen, das als besonders ängstlich zu bezeichnen wäre, aber die eher nervösen Ängste gehören zu den Zwillingen wie das Salz zur Suppe. Wer dauernd unter Strom steht, muß immer damit rechnen, daß einmal ein Akku durchbrennt oder leerläuft.
Bei extremer nervlicher Überbelastung kann es zu deutlichen Körperreaktionen kommen, die sich dann in Form von Hautausschlägen oder Verdauungsstörungen unübersehbar ins Bewußtsein bringen.

Bruchgefahr

Von den Körperteilen her sind die Hände, Arme und Schultern jene Körperregionen, die dem Zwilling am ehesten Kopfschmerzen bereiten dürften. Sollte der männliche Zwilling sich also für American Football begeistern oder der weibliche zur draufgängerischen Variante beim Fuß- oder Handball berufen fühlen, dann wäre es ausgesprochen empfehlenswert, sich die Gefahr von Brüchen des Schlüsselbeins und der Handgelenke immer wieder vor Augen zu halten und etwas zur Vorsorge zu unternehmen.
Von Prellungen und Hautabschürfungen wollen wir in diesem Zusammenhang gar nicht erst reden, zumal die Zwillinge uns ob derartiger Kleinigkeiten ohnehin nur mitleidig belächeln würden.
Schließlich verfügen sie über alle Kräfte der Welt.

Schnittwunden

Die Zuordnung von Armen und Händen ergibt sich beim

Zwilling schon aus dem einfachen und leicht erkennbaren Sachverhalt, daß diese Körperteile nahezu ununterbrochen in Bewegung sind. Da der Zwilling dann selten vollkommen konzentriert ist, weil er ja immer mehrere Sachen gleichzeitig „am Kochen“ hat, sind Unfälle kleinerer oder größerer Art vorprogrammiert. Am *beliebtesten* sind für Zwillinge die Schnittwunden. Ein bißchen Herumhampeln, mit einem scharfen Messer in der Hand, und schon ist es geschehen.
Glücklicherweise scheinen die Zwillinge einen Reserve-Schutzengel zugeteilt bekommen zu haben, denn meistens bleibt es bei kleinen Unfällen.

Die Lungen

Von den inneren Organen sind die Lungen für die Zwillinge am ehesten ein gefährdeter Bereich. Dieses Organ sollte ständig im Auge behalten werden und in regelmäßigen Abständen einer gründlichen medizinischen Kontrolle unterzogen werden.
Wenn sich beim Zwilling im Frühjahr ein langwieriger Husten oder Bronchialprobleme einstellen sollten, gilt es, besondere Vorsichtsmaßnahmen einzuleiten. Bei einer Mißachtung der nötigen medizinischen Ratschläge kann sich eine kleine Erkrankung zur regelrechten Plage entwickeln und in immer wiederkehrender Form bis zum Sommer hinziehen. Das läßt sich bei genügender Vorsorge und aufmerksamer Therapie vermeiden.
Eigentlich unnötig hinzuzufügen: Rauchen ist für Zwillinge ein absolutes Tabu!

Ein guter Rat an den Zwilling

Einen Gang zurückschalten

Den absoluten Aktivisten des Sternkreises kann vor allem immer wieder ein guter Rat auf ihrem stürmischen Weg mitgegeben werden: Öfter einmal einen Gang zurückschalten!
Der Zwilling sollte unbedingt in regelmäßigen Abständen sein Tempo verlangsamen und eine Pause einlegen.

Zäh, aber nicht robust

Zwillinge wirken zwar, von außen betrachtet, als robust und nicht unterzukriegen, aber es sind eher zähe als wirklich kräftige Wesen. Daher weisen sie in der Regel auch eher einen durchtrainierten als einen voluminösen Körperbau auf.
Es sollte daher an dieser Stelle noch einmal der Hinweis erfolgen, daß Zwillinge ein Luft-Zeichen sind, das auf körperliche Überbelastung oder Überanstrengung immer mit nervlicher Anspannung reagieren wird.
Der ohnehin schon etwas überaktive (zumindest für seine Umwelt!) Zwilling kann dann vollends zur Belastung für seine Mitmenschen oder seine Familie werden, wenn er nervlich „auf dem Zahnfleisch geht“. Wenn jetzt nicht die Notbremse gezogen wird, kommt es unweigerlich zum Unfall. Ob dann das Schlüsselbein darunter zu leiden hat oder Mann, Freund, Frau oder Freundin – das wird sich zeigen.

Viel Schlaf

Kein Mensch hält einen Dauerstreß lange aus, ohne körperlichen Schaden dadurch zu erleiden – auch nicht der Zwilling. Leider zählen die im Sternzeichen Zwilling Geborenen zu denen, die dies am allerspätesten merken.
Um etwa Erkrankungen wie Asthma oder alle Formen von Kurzatmigkeit zu vermeiden, sollte gerade der Zwilling, dem es nun wirklich besondere Schwierigkeiten bereitet, seinem Leben mehr Disziplin verleihen. Der erste Schritt in diese Richtung wäre die Gestaltung eines bestimmten Lebensrhythmus.
Die erste Regel für diesen neuen Rhythmus wäre es dann, genügend zu schlafen; denn der Schlaf wäre die sicherste Möglichkeit für einen Zwilling, sich zu erholen. Hier kann er auftanken, ohne abgelenkt zu werden.

Die richtige Ernährung

Die Ernährung sollte gerade beim Zwilling eine wichtige Rolle spielen und genügend Aufmerksamkeit erhalten. Essen ist für den Zwilling eigentlich eine Nebensache und sollte am besten irgendwie nebenher erledigt werden, ganz besonders was das Frühstück anbelangt (abgesehen vielleicht vom Wochenend-Brunch mit Freunden!).
Ein reichhaltiges Frühstück, das vor allem den Eiweißhaushalt deckt, wäre für den Zwilling aber sehr anzuraten. Dieses Frühstück könnte dann die richtige Grundlage für das gewaltige Tagesprogramm sein, das sich der Zwilling natürlich auferlegt hat.

Ordentlich kauen

Das ordentliche Kauen der Speisen erfordert Muße und vor allem Zeit, die fehlt dem Zwilling natürlich immer. Was tut er also: er schlingt sein Essen häufig in riesiger Geschwindigkeit herunter. Das ist ein fataler Fehler, der nicht selten äußerst unangenehme Reaktionen des mißachteten Körpers nach sich ziehen wird.
Der Zwilling sollte lernen, seinem strapazierten Körper ein wenig mehr Beachtung, Zuneigung und Liebe zu schenken. Schließlich muß dieser unter ihm ja einiges aushalten.

Sanfte Heilweisen für den Zwilling

Yoga

Yoga ist auch für den Zwilling sehr hilfreich. Dabei muß er nicht unbedingt schwierige Körperstellungen einnehmen, obwohl ihn dies reizen könnte. Yoga zielt vor allem nach innen.
Der Zwilling sollte lernen, zur Ruhe zu kommen und seinen Körper zu entspannen. Wer immer derart aktiv ist und permanent unter Strom steht, benötigt einfach Ruhepausen.
Ein Yoga-Kurs, der eher meditativ ausgerichtet ist, wäre für den Zwilling das ideale Alternativprogramm zu seinem hektischen Alltag.

Gesprächstherapie

Der Zwilling ist außerordentlich kommunikativ. Diese Eigenschaft läßt sich im therapeutischen Bereich dahingehend nutzen, daß er über den verbalen Austausch zu einer Aufarbeitung seiner Probleme kommt.
Eine langfristig angelegte Gesprächstherapie mit einem einfühlsamen Therapeuten könnte ihm daher nicht nur mehr innere Ausgeglichenheit schenken, sondern auch ein tieferes Verstehen seines eigenen Wesens, das er oft durch übermäßige Aktivität gar nicht richtig kennenlernt.

Gibberisch-Meditation

Eine der kreativsten und ungewöhnlichsten neuen therapeutischen Wege. Der Patient oder Klient lernt, völlig ungeordnet und bedeutungslos in einer Phantasiesprache zu sprechen. Auf diesem Wege können sich Verspannungen lösen, die durch ein intellektuelles Festhalten auf einer rationalen Ebene nicht zu beseitigen waren. Danach erfolgt ein zehnminütiges entspanntes Ausruhen im Liegen, um dem Körper Gelegenheit zu geben, sich an die veränderten Rahmenbedingungen anzupassen.

Fußreflexzonen-Massage

Das Luft-Zeichen Zwilling, das sehr geneigt ist, über die Erde dahinzufliegen und auch alle Probleme unter sich zurückzulassen, benötigt dringend etwas „Erdung".
Die sehr intensive Massage der Fußreflexzonen schenkt dem „abgehobenen" Zwilling ein neues, sehr viel intensiveres Körpergefühl und holt ihn damit auf die Erde, auf den „Boden der Tatsachen" zurück.

Hakomi

Das Wort „Hakomi“ entstammt dem Dialekt der Hopi-Indianer und meint etwa soviel wie „Der sein, der Du bist“. Im Hakomi soll der Schüler lernen, mehr innere Achtsamkeit zu entwickeln und auf die eigene innere Stimme zu lauschen. Damit geht eine fortlaufende Wiedergewinnung der eigenen Identität einher.
Mittels der Entfaltung von größerer Achtsamkeit wird der eigene emotionale und mentale Lebensbereich entfaltet und fließt so allmählich in das Alltagsbewußtsein ein.
Für den Zwilling, der häufig leichte Defizite hinsichtlich des eigenen Tiefganges aufweist und ein wenig oberflächlich sein kann, stellt Hakomi eine gute Übung dar, um diese Schwachpunkte zu überwinden.

Das Bach-Blüten-Mittel

Kaum eine andere sanfte Heilweise hat in den vergangenen zehn Jahren eine solche Erfolgsstory aufzuweisen wie die Blütenmittel von Dr. Edward Bach. Ihre geniale Einfachheit macht das Geheimnis ihres Erfolges aus. Für jedermann leicht anwendbar, sind die Pflanzenessenzen dennoch überaus wirksam.
Das Bach-Blüten-Mittel für den Zwilling ist

CERATO (Bleiwurz).

Wie die Jungfrau, so wird auch der Zwilling vom Merkur beherrscht, der ihm seine große geistige Beweglichkeit verleiht.
Der Caduceus-Stab des Merkurs, im Zwilling steht gleich-

sam für den Stab Aarons. Aaron, der im Alten Testament stets für seinen Bruder Moses sprach. Seine Sprachgewandtheit war so groß, daß er sich für wichtige Belange des Volkes Israel einsetzte. Zwillinge verfügen in der Tat über diese Sprachgewandtheit, die sie taktvoller als die Schützen einsetzen, und obwohl sie weniger ausgeglichen und zuverlässig sind, sind sie gleichzeitig voreingenommen und starrsinnig. Sie sind unterhaltsam, ziemlich launenhaft und vor allem in der Jugend frech und schadenfroh. Ihr Disziplinmangel ergibt sich aus der Vielfalt ihrer Interessen. Sie möchten nichts versäumen. Ihnen ist aufgrund dieser Wesenseigenschaften jener Bewußtseinszustand zu eigen, den Dr. Bach am ausgeprägtesten bei „Cerato-Menschen“ vorzufinden glaubte.

Cerato – Bleiwurz

Den Menschen, die Cerato benötigen, fehlt es häufig an Selbsteinschätzung und persönlichem Urteilsvermögen. Als Ergebnis dessen und aus einem großen Wissensdurst heraus suchen sie beständig den Rat anderer. Keine Auffassung oder Meinung wird als unzuverlässig oder nicht vertrauenswürdig angesehen, und deswegen lassen sich Cerato-Typen oft fehlleiten.

Wie die Ironie des Schicksals es will, besitzen diese Menschen Wissen und Erfahrung, da ihnen eine ausgeprägte Intelligenz und klare Meinung zu eigen ist. Sie zweifeln jedoch an ihren eigenen Fähigkeiten und Entscheidungen. Indem sie den Ratschlägen anderer folgen, vollbringen sie damit die törichtsten und leichtgläubigsten Handlungen – wider besseres Wissen. Sie folgen jedem Ratschlag und jeder Empfehlung. Dies resultiert aus einer natürlichen

Wißbegierde und dem Verlangen nach Veränderung und Mannigfaltigkeit, doch auch aus einem Mangel an Vertrauen heraus.
Launenhaft, redselig und unter Konzentrationsmangel leidend, vermögen Cerato-Typen mit ihren endlosen Fragen, in denen sie um Rat ersuchen, ihre Umgebung zu erschöpfen. Deswegen gewinnt man den Eindruck, als ob sie nie zu überzeugen wären, und so ist es oft auch. Aus der Angst heraus, festgelegt zu werden, entsteht jene nervöse Unschlüssigkeit und Wankelmütigkeit. Doch es mangelt ihnen nur an einem sorgfältigen Denken oder einem entschiedenen Handeln.
Der konstruktive Cerato-Typus strahlt heiteres Vertrauen aus. Er erhebt sich voller Würde und Weisheit über sich selbst. Da er sehr intuitiv ist, sucht er Rat in sich selbst und bei höheren Quellen und verläßt sich nicht nur auf andere Menschen. Da er seinem eigenen Geist und seinen eigenen Fähigkeiten vertraut, ist er zu einem genauen Urteil imstande. Er ist verständnisvoll und begabt und gerät im allgemeinen nicht aus der Fassung.
Diese Menschen, die praktisch die *vollkommenen Zwillinge* des Tierkreises darstellen, bewahren stets ihre Ruhe, wie auch immer die äußeren Umstände beschaffen sein mögen.

Das Aura-Soma-Mittel

Eine weitere sanfte Heilweise, die gerade erst begonnen hat, in breiteren Kreisen Anerkennung zu finden, sind die Farb- und Duft-Öle von Aura-Soma, einer englischen Gemeinschaft. Da die vielen Ölfläschchen, die wunderbar duften und sehr schön anzuschauen sind, nicht allgemein zu einem Sternzeichen zugeordnet werden können, empfiehlt es sich, einen der vielen Aura-Soma-Therapeuten zu Rate zu ziehen, die heute praktisch in jeder mittelgroßen Stadt anzutreffen sind.

Es empfiehlt sich, *seine* Aura-Soma-Flasche neben das Bett zu stellen!

Kapitel 5

Essen und Trinken

Der Zwilling in der Küche

Die etwas andere Kochkunst

Kochkunst hat etwas mit Einfallsreichtum zu tun. Wer einfach nur stur nach dem Kochbuch kocht, wird nie zu den wirklichen Meistern oder Meisterinnen seines Faches zählen. Ein genialer Koch oder eine geniale Köchin kocht intuitiv. Wie ein Zwilling!

Der Zwilling kocht überaus einfallsreich und sicher nicht nach Vorschrift oder Vorgabe. Es wird ihm in seiner etwas chaotischen Küche immer wieder gelingen, etwas faszinierend Exotisches aus seinen Kochtöpfen und Pfannen hervorzuzaubern.

Der Zwilling wird für sein Festtagsmenü oder sein „Dinner for two" keine tagelangen Vorkehrungen treffen. Lange Vorbereitungszeiten liegen ihm nicht. Er stürzt sich in die Küche und in die Arbeit.

Das Ergebnis läßt sich etwa als delikat, schmackhaft, ungewöhnlich und abwechslungsreich charakterisieren. Es ist eben *die etwas andere Kochkunst.*

Omas Kochtopf ist verpönt

Sollte der Zwilling in seiner Küche noch ein Kochbuch von Mama oder gar von Oma haben (meistens hat er gar keines!), so wird dies in Ehren verstauben. Der Zwilling kocht unorthodox!

Traditionelle Gerichte, wie aus Mamas oder Omas Kochtopf, sind dem Zwilling außerordentlich verpönt. Wie bereits dargestellt, ist der Zwilling an allem Neuen und

Ungewöhnlichen interessiert, und das gilt selbstverständlich auch für die Küche. Alte Zöpfe werden von den Zwillingen abgeschnitten.
Keine alten Zöpfe in neue Töpfe! Dieses Motto könnte über der Küche der Zwillinge stehen, und entsprechend gehen sie an die Sache heran.

Quiche à la Zwilling

Wenn der Zwilling in Zeitschriften, die gerade „in“ sind, außergewöhnliche Rezepte oder Kochtips findet, dann neigt er schon einmal dazu, sie herauszureißen, irgendwie abzutrennen oder auf einen gerade vorhandenen Schnipsel Papier zu kritzeln. Durchaus mit der festen Absicht, diese kreative Anregung zu nutzen und das angegebene Gericht selbst nachzukochen.
Doch was passiert? Bereits beim Einkaufen wird dem Zwilling seine sprichwörtliche Flatterhaftigkeit in die Quere kommen. Er wird alle möglichen Einfälle bekommen und die Zutaten, vor allem die Gewürze, wild durcheinanderwürfeln.
Das zuletzt entstehende Gericht wird dann eine ganz neue Variante sein. Statt Quiche Loraine gibt es dann eben Quiche à la Zwilling. Das muß gar kein Verlust sein, denn die neue Fassung dürfte ausgesprochen delikat und ein wenig pikant sein. Guten Appetit!
Vielleicht sollte sich der Zwilling einmal als Verfasser eines kreativen Kochbuches versuchen. Aber wahrscheinlich ist ihm das schon wieder zu langweilig.

Das neue Gewürz

Wenn Sie häufiger bei einem Zwilling zum Essen eingeladen sind, sollten Sie sich vorher darüber informieren, ob er vielleicht gerade ein neues Gewürz entdeckt hat. Sollte dies der Fall sein – und damit müssen Sie immer rechnen –, ist Vorsicht angeraten. Wenn nämlich gerade dieses Gewürz besondere Abneigung bei Ihnen hervorruft, sollten Sie möglicherweise einige Einladungen in Folge absagen.
Hat ein Zwilling ein neues Gewürz entdeckt, das ihm ausgesprochen zusagt, dann wird er zumindest eine Zeitlang alles damit würzen, was ihm in die Küche kommt. Dabei spielt es gar keine Rolle, ob das Nudelgericht oder der Kartoffelauflauf dieses Gewürz verträgt – es muß hinein!
Der Zwilling kocht nun einmal nach der Devise: Hauptsache ungewöhnlich!

Der Zwilling und seine Gäste

Es darf geplaudert werden

Der Zwilling liebt gesellige Abende mit seinen Freunden. Wenn Sie zu seinem großen Freundeskreis zählen, wird Sie oft der Ruf zu einer Einladung erreichen. Sollte es eine Einladung sein, bei der auch Sie etwas beisteuern sollen, wählen Sie bitte etwas Ungewöhnliches. Ihr Zwilling-Gastgeber wird Sie lieben, wenn Sie irgend etwas mitbringen, was noch nicht auf seiner Tafel steht oder was bisher überhaupt bei ihm noch nicht bekannt war.

Fast noch wichtiger als das Essen werden allerdings die Tischgespräche sein. Bringen Sie also gute Laune und viele Ideen mit. Der Zwilling wird äußerst erfreut sein, wenn Sie die Tafel durch viele spritzige Wortbeiträge bei Laune oder im Gespräch halten. Dabei darf es natürlich auch widersprüchlich zugehen; und der Zwilling hat ohnehin ein Faible für die verrückten Ideen und Diskussionsbeiträge.

Pünktlichkeit ist angebracht

Man möchte es nicht glauben, aber bei Zwillings sollte man pünktlich erscheinen. Das liegt vor allem daran, daß es den Zwillingen wirklich lästig ist, wenn sie auf ihre Gäste warten müssen. Man könnte diese Zeit wirklich zu etwas nützen!

Eher ist es angebracht, etwas zu früh zu erscheinen. Das würde die Gelegenheit bieten, bereits aus den Vorbereitungen ein kleines Fest zu machen und schon in der Küche ein Glas Prosecco oder einen Schluck Sherry zu trinken.

Während dieser Aktivitäten könnte dann bereits alles Wichtige des Tages diskutiert werden, was den Zwilling sehr interessiert. Sie müssen auch nicht befürchten, durch Ihre Anwesenheit in der Küche das Abendessen zu verzögern. Das wird trotzdem rechtzeitig fertig, denn bekanntlich ist es für den Zwilling überhaupt kein Problem, mehrere Dinge gleichzeitig zu bewältigen. Dies wird ihm keine Kopfschmerzen bereiten und ihn keinesfalls überfordern.

Knigge kann warten

Bei Zwillings geht es überaus zwanglos und unkonventionell zu! Sie müssen nicht vorher bei Knigge nachlesen, wie Sie sich zu verhalten haben. Die Etikette ist bei ihren Zwilling-Gastgebern wirklich kein Thema. Es soll ihren Gästen Spaß machen, und sie sollen den Abend genießen. Dazu kommen natürlich die interessanten und temperamentvollen Diskussionen über Politik und Weltgeschehen.

Curry in den Spaghettis

Das Essen beginnt, und Sie sollten sich schon einmal nach einem netten Tischnachbarn umsehen; denn bei Zwillings gibt es natürlich keine feste Tischordnung. Jeder sitzt, wo er gerne möchte. Sollte es ausnahmsweise doch einmal eine festgelegte Tischordnung geben, hält diese mit Sicherheit nicht den ganzen Abend. Vielleicht sollte man besser Nacht sagen, denn früh enden die Einladungen bei Zwillings nie.

Am nächsten Tag werden Sie dann feststellen, daß das Essen eigentlich Nebensache war und nur Mittel zum Zweck. Dieser verrückte Jazz-Musiker war ja eigentlich der Knaller des Abends. Ideen hatte der Typ!

Aber irgendwie haben Sie noch so einen markanten Geschmack im Mund, der auch nach vierundzwanzig Stunden noch nicht ganz verschwunden ist. Was war das bloß für ein Gewürz in den Spaghettis? Irgendwie schmeckten die ganz anders als in der Pizzeria. Hatte irgendwie einen indischen Beigeschmack; aber sehr lekker.

Ein paar Gäste mehr sind kein Problem

Sollten Sie bei Zwillings eingeladen sein, können Sie notfalls auch Ihre überraschend eingetroffenen Schwager und Schwägerin mitbringen. Der Zwilling wird beim Nachbarn noch ein paar Stühle leihen, kurz in der Küche verschwinden, und dann wird weitergefeiert.

Eines sollten Sie allerdings beachten. Ihre unverhofft mitgebrachten Gäste dürfen keine Langweiler sein. Die zusätzlichen Gäste werden Ihnen Ihre Zwilling-Gastgeber gerne nachsehen, aber sollten diese nur trübe in der Ecke sitzen, dürfen Sie sich auf einige bissige Bemerkungen gefaßt machen.

Vielleicht sind Ihre Schwägerin und Ihr Schwager aber interessante Leute, die schon in Kürze mit einer Gegeneinladung aufwarten – und schon hat sich der Freundeskreis des Zwillings wieder ein wenig erweitert.

So hat er es gern!

Die Lieblingsgerichte des Zwillings

Zwillinge sind bezüglich ihrer Gerichte nicht festgelegt. Hier herrscht eine große Variationsbreite. Alles, was neu, kreativ und außergewöhnlich ist, wird dem Zwilling zusagen.

Grundsätzlich kann man bei ihm allerdings eher eine Zuneigung für die „Nouvelle Cuisine“ feststellen.

Kein Eisbein

Zwillinge neigen nicht unbedingt zu jenen Gerichten, bei denen sich die Tische durchbiegen und das Fett vom Tel-

ler tropft. Eisbein oder Rinderschmorbraten mit Rotkraut zählen nicht gerade zu ihren Lieblingsspeisen.
Zwillinge lieben es eher leicht und luftig, schließlich sind sie ja auch Luft-Zeichen.

Sympathie für die vegetarische Küche

Der Vegetarismus ist etwas, was dem Zwilling entgegenkommt. Leichtverdauliche Speisen, die in ihrer Zubereitung nicht tagelanges Vorbereiten erfordern.
Gartenfrische, frühlingsfarbene und mit vielen Kräutern angereicherte Salatteller sind etwas, für das sich ein Zwilling begeistern kann. Eventuell noch eine frische Spargelcremesuppe dazu.

Ein typisches Zwilling-Rezept: Karottenfrikadellen auf Singapur Art

Vier Eßlöffel Butter
Zwei Teelöffel Olivenöl
Ein Pfund frische Karotten
Ein Pfund Kartoffeln
ca. 10 g Ginsengwurzel
Eine Zwiebel
Salz, Pfeffer, Chili

Die Karotten, die Kartoffeln und die Zwiebel werden geschält und in kleine Stücke geschnitten.
Der Ginseng wird in wenig Wasser weichgekocht, danach geraspelt und mit den inzwischen leicht angerösteten Karotten, Kartoffeln und Zwiebeln gemischt und zu kleinen, flachen Frikadellen geformt. Wenn die Karotten und Kar-

toffeln nicht sorgfältig geschnitten werden, sollte man sie besser raspeln, damit die Frikadellen später nicht auseinanderfallen.
Wenn die Masse gut gewürzt ist, werden die Frikadellen in einer Pfanne kurz im Öl angebraten, bis beide Seiten eine zarte Bräunung aufweisen.
Es bietet sich an, die Frikadellen mit einem scharfen Sauerkrautsalat zu kombinieren. Dazu kann man ein leicht angeröstetes Baguette oder etwas Toast servieren.

Die Lieblingsgetränke des Zwillings

Schwere Rotweine oder süßer Krim-Sekt zählen zu jenen Getränken, die Sie einem Zwilling besser nicht anbieten sollten. Er wird eher einen leichten Mosel oder einen filigranen Chablis bevorzugen.
Als Aperitif werden Sie mit einem spritzigen, gut gekühlten Champagner genau richtig liegen.
Auf der Tafel sollte dann auch immer genügend Mineralwasser stehen, dem der Zwilling meistens gerne zuspricht. Er benötigt viel Flüssigkeit, da er ja immer im Gespräch vertieft ist. Da wird leicht die Zunge trocken.
Zum Abschluß eines gelungenen Abends könnten Sie dann noch ein paar Cocktails reichen, die besonders willkommen sind, wenn es keine Alkoholgranaten sind, dafür aber schön bunt anzusehen.

Wie ich einen Zwilling verwöhne

Leicht und locker

Wer an romantische, einander verwöhnende Zweisamkeit bei einem Essen mit Kerzenschein vor dem Kamin denkt, sollte vielleicht nicht unbedingt einen Zwilling dazu einladen.
Für den Zwilling bedarf es keiner endlosen Vorbereitungen für einen gelungenen Abend. Die innere Stimmung ist für ihn das ausschlaggebende.
Legen Sie Ihre Sorgen in einer Ecke ab, und plaudern Sie launig mit Ihrem Zwilling. Am besten servieren Sie dazu Antipasti in reichlicher Auswahl, an denen man sich zwanglos vergnügen kann. Diese bieten vor allem den Vorteil, daß sie auch nach hitzigen Diskussionen, bei denen das Essen völlig vergessen wurde, immer noch gut schmecken.
Man kann ja zu späterer Stunde noch ein Baguette dazu auftauen und einen Spumante aus dem Kühlschrank holen. So wird der Abend glänzend ausklingen.

Der Brunch

Eine Einladung zum Brunch mit interessanten Gästen – das ist nun wirklich etwas für den Zwilling. Hier fühlt er sich am wohlsten, und es darf nicht verwundern, wenn der Brunch dann direkt in eine kleine Abend-Party übergeht.
Es ist zwar unbewiesen, aber mit Sicherheit wurde der Brunch von einem Zwilling erfunden!

Die Abendeinladung

Wenn Sie einen Zwilling einmal groß ausführen wollen, könnte die Reihenfolge lauten:

1. Das Improvisations-Theater oder der magische Zirkus.
2. Das japanische Restaurant. Es sei denn, Ihr Zwilling haßt es, auf Tatamis zu sitzen.
3. Das „In-Café" für einen letzten Cappuccino.

Überall dort, wo etwas los ist, wird sich Ihr Zwilling mit Ihnen glänzend amüsieren. Er wird diesen anregenden Abend mit Ihnen nicht vergessen; und Sie können fast sicher sein, daß irgendwann die Gegeneinladung kommt zu einem nicht minder interessanten Abend!

Das Straßencafé

Wenn Sie eine Verabredung mit einem Zwilling während des Tages haben, sollten Sie das beliebteste und überlaufendste Straßencafé der Stadt wählen. Zum einen findet der Zwilling dort genügend Anregung und Abwechslung; und zum anderen wird er auch selbst von allen gesehen. Und dies ist nicht weniger wichtig!

Genießer oder Asket

Die fehlende Genußsucht

Der Zwilling zählt in der Tierkreis-Familie nicht zu den großen Genießern. Es fehlt ihm wahrscheinlich einfach an der Muße zum genußvollen Schlemmern.

Man kann dem Zwilling daher eher ein asketisches Potential nachsagen, wenngleich dies eher nicht einer Überzeugung entspringt, sondern den Lebensumständen.
Der Zwilling hängt nicht an Gewohnheiten und eilt eher ziellos durch das Leben. Daher ist er eher nicht auf das Verweilen ausgerichtet und das genußvolle Sich-Zurücklegen und entspannen.
Essen ist für Zwillinge eine Nebensache, die ihren Wert eher durch die Kontaktmöglichkeiten mit anderen Menschen erhält. Die Gespräche bei Tisch oder in der Kneipe sind für den Zwilling *bei weitem* wesentlicher als alles, was er bci dieser Gelegenheit an Festem oder Flüssigem zu sich nimmt. In dieser Verhaltensweise liegt die eher asketisch angelegte Lebensführung begründet.
Allerdings gibt es auch einige Zwillinge, die diesbezüglich dramatisch aus der Art schlagen!

Der asketische Typ

Der Zwilling wird grundsätzlich eine leichte Kost vorziehen. Diese umsichtige Ernährung wird sich in der Regel auch in seinem Körperbau niederschlagen, der eher sportlich schlank als füllig und massiv ausfallen dürfte. Allerdings ist hierfür eine genauere Analyse des Gesamthoroskops erforderlich, um die verschiedenen Einflußfaktoren präziser einschätzen zu können.

Kapitel 6

Kinder

Mein kleiner Zwilling

Eines nach dem anderen

Wenn Sie einen kleinen Zwilling haben, dürfte dies zu Ihren Standardsprüchen gehören – allerdings wird es wenig fruchten. Auch die kleinen Zwillinge verfügen schon über einen zu großen Tatendrang. Es hilft nichts, wenn man ihnen ans Herz legt, doch erst einmal eine Sache abzuschließen, um sich dann auf die nächste zu stürzen. Der kleine Zwilling hat seine Dynamik schon in die Wiege gelegt bekommen, und so purzelt er voller Neugierde und Tatendrang durch das Leben.
Sie können nur aufpassen, daß er sich nicht zu oft den Kopf anschlägt.

Ein erster Ordnungsruf

Wenn Sie inzwischen ein wenig das Naturell der Zwillinge kennen, so werden Sie als Elternteil wissen, daß Ihre erste Aufgabe darin bestehen wird, auf die Fertigstellung der Dinge zu achten. Wenn Ihr kleiner Zwilling eine Aufgabe übernommen hat, muß er sie auch zu Ende bringen. Hier können Sie entscheidende Weichen für sein Leben stellen.
Wenn Zwillinge nicht bereits früh lernen, begonnene Aufgaben auch fertigzustellen, werden sie später möglicherweise im Chaos versinken. Eine innere und äußere Ordnung zu lernen, stellt eine der vorrangigsten Aufgaben für junge Zwillinge dar.

Der Zappelphilipp

Unter allen Sternenkindern trägt keiner den Namen „Zappelphilipp“ mit mehr Berechtigung als der kleine Zwilling. Wenn sich im Kindergarten oder in der Schule ein kleiner Junge oder ein Mädchen besonders durch die fehlende Fähigkeit zum Stillsitzen auszeichnet, dann dürfte es in den meisten Fällen ein Zwilling sein.

Es muß sich allerdings nicht immer um reine Unruhe handeln; oft ist der kleine Zwilling einfach unterfordert und findet alles, was ihm präsentiert wird, einfach langweilig. Also überfällt ihn eine innere Unruhe, die sich in äußerer Zappeligkeit niederschlägt. Beim kleinen Zwilling tritt dies allerdings bedeutend früher auf als bei anderen kleinen Gesellen.

Die kleinen Fragensteller

Ihr kleiner Zwilling wird Sie schon sehr früh mit allen möglichen Fragen bombardieren. Nicht nur im „Warum-Alter“ werden Sie Ihre Zeit damit verbringen, die vielen „Warums“ zu beantworten, sondern schon lange vorher. Der kleine Zwilling beginnt damit, sobald er sprechen kann. Und auch das wird relativ früh sein.

Sollte er vor dem Einschlafen einmal tatsächlich keine Fragen mehr haben, dann wird er Sie ermuntern, doch noch einige Fragen zu stellen. Allerdings könnte es geschehen, daß Sie darüber schon eingeschlafen sind.

Auf die Aktivität achten

Die Wißbegierde und Fragelust steht bei einem Zwilling-Kind immer an erster Stelle. Daher sollten Sie dringend darauf achten, daß als Ausgleich eine körperliche Betätigung geschaffen wird.
Wenn Ihr kleiner Zwilling immer nur einseitig seine Begabungen pflegt, könnte es ihm widerfahren, daß er beim Fußball oder im Wettlauf hoffnungslos unterlegen ist. Dies würde ihm wiederum den Spott und die Hänseleien jener Spielkameraden einbringen, die ihm geistig nicht gewachsen sind. Das würde für den kleinen Zwilling eine nicht unerhebliche seelische Belastung bewirken, da er die Sticheleien nicht so leicht wegstecken wird.

Der Redeschwall

Ihr Zwilling wird schon sehr früh anfangen zu plappern oder ganze Sätze zu sprechen. Seine Redegewandtheit ist mehr als ausgeprägt, und das könnte Sie als Eltern dazu verführen, besonders stolz diese ersten Errungenschaften zu loben und vor Familienmitgliedern oder Bekannten vorzuführen. Dabei kann übersehen werden, wie leicht es zu einer Einseitigkeit kommt. Die kommunikative Ebene ist nur eine Ebene Ihres Kindes – auch die anderen müssen gefördert und ausgebildet werden.
Einseitigkeit kann Probleme erzeugen!

Der Phantasievolle

Natürlich wird sich der kleine Zwilling nicht scheuen, sich aus allen schwierigen Situationen herauszureden. Er wird dabei seine ausgeprägte Phantasie einsetzen und die tollsten Ausreden erfinden. Sie müssen dann konsequent sein, um ihn gegebenenfalls trotz aller Redegewandtheit zur Rechenschaft zu ziehen. Dabei sollten Sie klar und direkt sein. Erklären Sie Ihrem jungen Zwilling ohne Umschweife, was er falsch gemacht hat. Sie werden ihm eine wichtige Hilfe für sein Leben geben, wenn er lernt, für seine Taten einzustehen.

Sollte der kleine Zwilling-Junge oder das kleine Zwilling-Mädchen einmal schweigend aus dem Kindergarten oder der Schule nach Hause kommen, können Sie fast sicher sein, daß er oder sie etwas angestellt haben. Wahrscheinlich kommt in Kürze ein Anruf oder eine Schadenersatzrechnung.

Frühzeitig eine Versicherung abschließen!

Der kleine Sonnenschein

Kleine Zwillinge zählen im Tierkreis zu den Sonnenscheinen. Sie nehmen mit allem und jedem sofort Kontakt auf und erschließen sich die Herzen durch ihre Natürlichkeit. Beim Nachbartisch im Restaurant wird Ihr kleiner Zwilling Entzücken auslösen, wenn er mit seiner Leichtigkeit die Erwachsenen in ein vergnügliches Gespräch verwikkelt.

Eine Warnung zur rechten Zeit

Da Zwillinge überaus kontaktfreudige Kinder sind und gerne mit jedermann Freundschaft schließen, sollte man ihnen schon früh klarmachen, daß auch Gefahren bestehen und nicht alle Menschen gleich vertrauenswürdig sind.

Dies ist kein unproblematisches Unterfangen, denn man sollte es auf alle Fälle vermeiden, die unschuldige Offenheit dieser Kinder, die ja gerade ihr sonniges Dasein charakterisiert, schon früh einzuschränken. Trotzdem sind bestimmte Warnungen unbedingt angebracht und gehören auch ausgesprochen.
Die Kunst liegt in der richtigen Wahl der Worte, um zwischen Ermahnung, Warnung und Hysterie zu unterscheiden.

Das Taschengeld

Natürlich wird es dem kleinen Zwilling Schwierigkeiten bereiten, mit seinem Taschengeld hauszuhalten. Es gibt so viele interessante Dinge, für die er sein Geld ausgeben kann. Aber hier liegt eine wichtige Lernerfahrung auch für den heranwachsenden Zwilling, daß er lernt, mit Geld umzugehen. Hier kann der Gefahr für das ganze spätere Leben vorgebeugt werden, denn bekanntlich zerrinnt Zwillingen ja das Geld zwischen den Händen.

Die Botschafter

Der frühe Besuch des Kindergartens ist gerade für Zwilling-Kinder von Vorteil. Die hier gebotene Abwechslung wird von ihnen als willkommene Bereicherung ihres Lebens angenommen werden. Ihr Zwilling wird den Kindergarten lieben!
Sie können übrigens sicher sein, daß seine Erzieher Ihre Familie beim ersten Elternabend schon sehr gut kennt. Es ist nicht mehr nötig, sich vorzustellen. Das hat Ihr kleiner Zwilling schon alles übernommen; möglicherweise wis-

sen die Kindergärtner und Kindergärtnerinnen allerdings auch die Dinge, die Sie ihnen gerne vorenthalten hätten. Dann hätten Sie sie allerdings auch vor Ihrem kleinen Zwilling verheimlichen müssen!

Die Freunde kommen

Sie sollten sich schon früh darauf einstellen: Mit der häuslichen Ruhe ist es dahin, sobald Ihr Zwilling Kindergarten oder Schule besucht. Denn schon bald wird Ihr Haus oder Ihre Wohnung zum Kommunikationspunkt für den schnell wachsenden Freundeskreis für den männlichen wie für den weiblichen kleinen Zwilling.
Auf daß das Haus voll werde!

Die Schulzeit

Schon wieder in die Schule?

Sicherlich wird sich Ihr kleiner Zwilling anfänglich auf die Schule freuen; denn die Veränderung, die mit der Gewißheit einhergeht, jetzt schon *groß* zu sein, wird ihn begeistern. Wenn er dann allerdings erstmals die Frage stellt, ob er morgen wieder dahin muß, dann dürfte es klargeworden sein, daß die Langeweile des schulischen Alltags schon früh über den kleinen Zwilling hereingebrochen ist.
Es wird Sie einige Mühe kosten, kleine Zwillinge von der Notwendigkeit eines regelmäßigen Schulbesuches zu überzeugen. Denken Sie sich schon früh ein paar gute Antworten aus!

Interesse fördern

Es wird darauf ankommen, daß Ihr Zwilling Lehrer findet, die flexibel mit dem Lehrplan umgehen und den Unterricht interessant gestalten. Für Zwillinge ist dies besonders wichtig, denn um ihr Interesse zu sichern, bedarf es einer gehörigen Portion Einfallsreichtum seitens des Lehrers.

Die Schulwahl

Bei der Auswahl der richtigen Schule für einen Zwilling sollten Sie vor allem darauf achten, was die Schule neben dem Unterricht noch an Angeboten vorzuweisen hat.
Der Zwilling wird sich in zahllose freiwillige Aktivitäten stürzen, darunter der Schulchor, eine Theatergruppe oder ein „Jugend-forscht-Kreis“. Diese und andere Angebote sollte seine Schule ihm auf freiwilliger Basis anbieten können.

Schulitis

Wenn Ihr eingeschulter Zwilling eines Tages über „Schulitis“ klagt, können Sie sicher sein, daß er am nächsten Morgen besonders langweilige Fächer auf dem Stundenplan stehen hat.
Für den Zwilling wird die Schulzeit in entscheidendem Maße davon geprägt werden, daß sein Lehrer oder seine Lehrerin ihn für das betreffende Fach zu begeistern vermögen. Davon hängt in großem Maße auch die Qualität seiner Note in diesem Fach ab. Wenn er den Lehrer langweilig findet, wird er auch das Fach langweilig finden.

Sie werden überrascht sein, wie schnell sich eine Schulnote in einem anscheinend „schwachen“ Fach erheblich verbessert, wenn der Lehrer wechselt und das bisher überaus langweilige Fach plötzlich interessant wird.

Zwilling-Kinder und ihre Spielgefährten

Die Anreger

Kleine Zwillinge verfügen über die Fähigkeit, gerade scheue Kinder anzuregen und die in ihnen schlummernden Fähigkeiten zu entfalten. Es fällt ihnen leicht, sich das Vertrauen ihrer Spielkameraden und -kameradinnen zu erringen, und die ist die Grundlage für deren Wachstumsprozeß.

Der kleine Zwilling lernt dadurch, etwas Zurückhaltung walten zu lassen, und die anderen werden beflügelt, ein wenig über sich hinauszuwachsen.

Ihr kleiner Zwilling wird bei anderen Eltern sehr beliebt sein, weil diesen natürlich sein positiver Einfluß auf ihre eigenen Sprößlinge nicht verborgen bleibt. So fängt der große Freundeskreis Ihres Zwillings schon früh an, sich zu bilden.

Die *besten* Freunde

Sie werden als Eltern eines Zwillings wahrscheinlich schon bald eine ganze Menge Freunde Ihres Kindes zu

Hause haben. Zwillinge laden eifrig ein und pflegen rege Kontakte.
Dabei werden Sie bald feststellen, daß es nicht unbedingt *die* beste Freundin oder *den* besten Freund gibt. Für Ihren Zwilling gibt es einfach *viele beste* Freunde oder Freundinnen.

Die Wohnungseinrichtung im Auge behalten

Ihr kleiner Zwilling wird kein Kind von Traurigkeit sein. Sie dürfen also mit einiger Sicherheit davon ausgehen, daß „die Post abgeht", wenn Sie vier oder fünf von den Kids im Haus oder in der Wohnung haben. Sie sollten die Bande im Auge behalten und Ihre Einrichtung vor Zerstörung bewahren; denn es wird mit Sicherheit ziemlich wild zugehen.

Alles ist interessant

Besondere Vorlieben kennt ein Zwilling in der Regel in seiner Jugend noch nicht. Alles und jeder ist interessant, solange er seinem Bestreben, neue und unbekannte Dinge zu entdecken, mit Sympathie zur Seite steht. Es gibt immer irgend etwas herauszufinden, was seine Neugierde befriedigt und ihn gleichzeitig auf zukünftige Entdekkungsreisen gehen läßt.
Ein junger Zwilling ist mit aller Kraft beschäftigt, die für ihn so aufregende Welt zu entdecken.

Kapitel 7

Freizeit

Die Reiseländer des Zwillings

Armenien

Zwillinge sind begeisterte Reisende. Sie lieben die Begegnung mit anderen Kulturen und Sprachen und sind aufgrund ihrer eigenen Sprachbegabung häufig in der Lage, sich mit den Einheimischen in deren Muttersprache zu verständigen.
Armenien ist eines der exotischeren Reiseländer unter den vielen Gegenden, die den Zwilling faszinieren. Es lag, als altes Kulturland, schon immer im Brennpunkt verschiedener Kulturen und Religionen, die sich manchmal bekämpften und manchmal miteinander verschmolzen. Ein Geschehen, das allein schon das Interesse des Zwillings erweckt.

Belgien

Der Zwilling ist von seinem Wesen her ein Weltbürger. Als Europäer wird er die europäische Einigung begrüßen, denn die Welt hört für ihn niemals an den Grenzen seines Landes auf.
Belgien steht für ihn als Land der europäischen Begegnungen. Hier treffen sich die Repräsentanten der sogenannten „ersten Welt", um endlich Begrenzungen abzubauen (zumindest im Ideal!), ein Vorgang, der jeden Zwilling fasziniert. Hier trifft er interessante Menschen, die über ihren nationalen Horizont hinaus denken (zumindest häufig!) und eine größere Perspektive im Auge haben. Hier fühlt sich ein Zwilling angesprochen.

Sardinien

Auch ein Zwilling benötigt gelegentlich eine Ruhepause. Die Weltreisenden unter den Zwillingen, und darunter gibt es wahrlich mehr als bei den meisten anderen Sternzeichen, müssen auf eine Insel fahren, um einmal wirklich auszuspannen. Sardinien wäre dabei die Wahl der Zwillinge. Hier können sie in Leichtigkeit und Lockerheit einmal völlig ausspannen, sich erholen und den Akku wieder aufladen. Die Verlockungen des Jet-sets sind hier nicht gegeben, wie etwa auf den Kanaren oder auf Ischia, und so bleibt wirklich Zeit zum Luftholen, was auch die Lunge wohlwollend zur Kenntnis nimmt.

Ägypten

Das Land für Entdecker und Forscher schlechthin. Die Wiege zahlloser Kulturen und Erkenntnisse, ein Land voller Mystik und Magie. Ein Land, in dem es dem Zwilling nicht eine Stunde langweilig wird.

In Ägypten kann ein Zwilling seine Dynamik so richtig entfalten. Heute die Pyramiden, morgen die Sphinx und übermorgen das Ägyptische Museum. Dazwischen noch ein kleiner Abstecher in eine Oase (mit Einkauf beim Teppichhändler!) und ein ausführlicher Abstecher in den Basar.

Für die Zwillinge, die es gerne würzig mögen, sind die ägyptischen Gewürzgeschäfte das Paradies schlechthin!

Die Vereinigten Staaten

Wenn Sie einen Zwilling nach den USA befragen, werden

Sie nur zwei Antworten erhalten. Die, die schon da waren, werden Ihnen begeistert berichten, was sie alles erlebt haben und wen und was sie alles gesehen haben. Die, die noch nicht da waren, werden Ihnen begeistert erzählen, wann sie fahren werden und wen und was sie alles besichtigen wollen!

Die USA sind das „Land der unbegrenzten Möglichkeiten", und damit sind sie *das* Reiseland für den Zwilling! Die Lockerheit der Amerikaner und die Lebensgewohnheiten sind geradezu wie gemacht für den Zwilling. Fast food und Easy go lucky sind Schlagworte und Lebensstile, die ein Zwilling erfunden haben muß.

Schenken Sie einem Zwilling eine Reise nach Amerika, und er wird glücklich und begeistert zurückkommen. Es ist *sein* Land!

Wales

Wales ist ein Geheimtip für die Romantiker unter den Zwillingen. Auch wenn es sie nur als Minderheit und nicht im klassischen Sinne gibt, so finden sich doch auch Zwillinge, die gerne verwunschene alte Schlösser besuchen und nach Gespenstern Ausschau halten, die Interesse an alten Gralsburgen haben und den Spuren des Zauberers Merlin folgen. All das und noch mehr hat ihnen Wales zu bieten.

Ein Land, in dem es noch manchen unentdeckten Schatz für aufgeweckte Zwillinge zu heben gibt!

Der Zwilling und seine Hobbys

Der Club-Mensch

Der Zwilling ist ein überaus geselliges Wesen. Was böte sich also mehr, als Mitglied in allen möglichen Clubs zu werden. Dies praktiziert der Zwilling dann auch in reichlichem Maße. Wobei es begrüßenswert wäre, wenn zumindest ein Sportverein darunter wäre, um auch seinem beanspruchten Körper einen gewissen Ausgleich zu geben.
Party-Tanz allein reicht da noch nicht!

Brieffreundschaften

Der Zwilling hat nicht nur einen großen Freundeskreis, mit dem er sich regelmäßig zu allen Arten von Aktivitäten und zu jeglicher Form von Geselligkeit trifft, er pflegt darüber hinaus auch noch eine ganze Reihe von Briefkontakten, nicht selten in aller Herren Länder.
Die Begegnung und der Austausch mit Menschen anderer Kulturen und Traditionen fasziniert ihn und stillt zudem seinen unbändigen Hunger nach Neuem und Unbekanntem.

Theater

Der Zwilling hat viele Gesichter. Was läge näher, als diese auf den Brettern, die die Welt bedeuten, zum Vorschein zu

bringen. Also wird sich ein Zwilling mit Begeisterung dem Theaterleben widmen. Entweder wird er selbst auf der Bühne stehen, oder er wird ein großes Interesse an Aufführungen und der Schauspielerei insgesamt entwikkeln.
Ein klassisches Hobby für einen Zwilling!

Golf

Der Zwilling, vor allem in etwas gesetzterem Alter und mit einem etwas besser ausstaffierten Portemonnaie, wird sich mit Leidenschaft dem Golfspiel zuwenden. Zum einen hält es die körperlichen Aktivitäten in gewissen Grenzen, und zum anderen ermöglicht es in ausführlichem Maße auf den Grüns und zwischen den Abschlägen der Kommunikation zu frönen.
Nicht wenige Zwillinge tätigen ihre erfolgreichsten Geschäftsabschlüsse auf dem Golfplatz.

Zeichnen und Malen

Zwillinge verfügen über ein erhebliches zeichnerisches Talent. Wenn Sie sich die Zeit nehmen, um in Ruhe zu malen, stellen sich beeindruckende Ergebnisse ein.
Empfehlenswert wäre es für Zwillinge, wenn sie wieder einmal so richtig „ausgepowert“ sind, sich für zwei Wochen zu „Malferien in der Toskana“ zurückzuziehen. Damit träfen sie drei Nägel gleichzeitig auf den Kopf: ihre künstlerische Seite käme zur Entfaltung; ihre Seele könnte wieder einmal baumeln; sie träfen in lockerer, ungezwungener Umgebung mit interessanten Menschen zusammen. Eine ideale Dreier-Kombination!

Hobbyfilmer

Der Leidenschaft zum Filmen könnte der Zwilling natürlich am besten in Kalifornien frönen. Natürlich träumt er auch davon. Ein Anfang wäre es schon, mit der Kleinbildkamera durch Beverly Hills zu fahren und seinen eigenen kleinen Dokumentarfilm über die Großen und Schönen dieser Welt zu drehen.
Bei einer tollen „Hollywood-Party“ könnte auch in „Klein-Hinterwalden“ mit seinen Freunden ein wenig vom Glanz der großen weiten Welt aufscheinen. Kamera ab! Kamera läuft!

Der schnelle Zwilling

Langeweile ist nichts für Zwillinge. Bei ihrem Lebenstempo ist es nur schwer vorstellbar, daß sie mit Ente oder Käfer langsam dahinzuckeln. Es sei denn, sie fahren aus Imagegründen ein solches Gefährt, dann macht es schon wieder Sinn.
Wenn es aber ihre Finanzlage erlaubt, werden Zwillinge eine Leidenschaft für schnelle Autos und schnelle Flugzeuge entwickeln.
Gibt es eventuell einmal die Möglichkeit, an einer Rallye teilzunehmen, werden sie sich mit Feuereifer in dieses kleine Abenteuer stürzen. Alles, was schnell ist, macht Spaß!

Der brillante Redner

Auch außerhalb ihrer beruflichen Tätigkeit halten Zwillinge gerne Vorträge zu Themen, die sie interessieren. Das

können brillante Reiseberichte sein, hinterlegt mit bestechenden Dias oder zauberhaften Filmaufnahmen, von Armenien bis Wales; oder auch Vorträge zu gesellschaftspolitischen oder sozialen Themen.
Was immer auch der Inhalt sein mag, die Ausarbeitung und die Präsentation des Vortrages werden perfekt sein. Da ist der Zwilling in seinem Metier!

Fremdsprachen

Es ist ja bereits mehrfach angeklungen, daß Zwillinge eine außerordentliche Sprachbegabung besitzen. Sofern sie diese nicht bereits beruflich nutzen, könnte das Erlernen einer oder mehrerer Fremdsprachen auch zu einem ihrer bevorzugten Hobbys werden.
Jede Sprache ist eine Begegnung mit einer neuen Weise zu denken und mit einer neuen Kultur. Das allein genügt schon, um den Zwilling dafür zu interessieren.

Kapitel 8

Der Mond und die Tierkreiszeichen

Allgemeines über den Mond

Der Mond benötigt knapp achtundzwanzig Tage (genau 27,32), um einmal um die Erde zu ziehen. Die gleiche Zeit benötigt er, um sich einmal um die eigene Achse zu drehen.
Da der Mond selbst kein Licht abstrahlt, reflektiert er lediglich das Licht der Sonne. So hängen die sogenannten Mondphasen (Neumond, abnehmender Mond, Vollmond und zu- nehmender Mond) von seiner Position zu Erde und Sonne ab.
Wenn man davon spricht, daß z. B. der Mond eines Menschen im Widder steht, so ist damit der Stand des Mondes im Augenblick der Geburt dieses Menschen gemeint. Sie können diese Information Ihrem persönlichen Horoskop entnehmen, das Sie sich von einem Astrologen erstellen lassen, oder aus den gängigen Mondtabellen Ihres Geburtsjahres.
Neben dem Mond im persönlichen Horoskop gibt es natürlich noch die Mondphasen des täglichen Erdenlebens. Sie können also den Mond in Ihrem Horoskop im Schützen stehen haben, der heutige Tag dagegen zeigt den Mond in der Jungfrau. Sie können den täglichen Stand des Mondes leicht anhand der vielen Mond-Tabellen für das laufende Jahr ablesen.
Wer hat nicht schon einmal eine schlaflose Vollmondnacht verbracht oder anderweitig den Einfluß des Mondes gespürt? Wenn man etwa Kartoffeln an Tagen erntet, an denen der Mond im Stier steht, wird man feststellen, daß diese länger als im Vorjahr eine glatte

Haut bewahren. Es empfiehlt sich zudem in Gesundheitsfragen, etwa bei anstehenden Operationen, den Stand des Mondes zu beachten. Es wäre durchaus ratsam, einen anstehenden Zahnarzttermin um ein paar Tage zu verschieben!
Im nachfolgenden Text wird zuerst der Mond im Horoskop behandelt, danach der Einfluß des Mondes im täglichen Leben. Beides ist so leicht zu unterscheiden.

Der Mond im Widder

Unter dieser Konstellation finden wir Menschen, die mit ihrer ehrlichen Meinung nicht „hinter dem Mond“ halten. Es sind die entschlossenen, mutigen Menschen, die ihre Unabhängigkeit sehr schätzen.
Allerdings kann es ein Problem mit ihrer Gereiztheit geben. Sie reagieren auf ein unglücklich gewähltes Wort schon einmal mit einem spontanen Wutausbruch.
Menschen mit einem Mond im Widder können, wenn sie unglücklich sind, eine unangenehme sarkastische Neigung entwickeln.
Frauen, die einen Mond im Widder haben, können starke männliche Anteile aufweisen, wenngleich es sich nicht gleich um militante Blaustrümpfe handeln muß!

Im täglichen Leben

Wenn der Mond im Widder steht, sind die Menschen

häufig gereizter als normalerweise. Auch im Straßenverkehr tippt der Finger öfter an die Stirn als an anderen Tagen. Zudem ist Vorsicht an Kreuzungen angesagt!
Obwohl in der Regel an solchen Tagen die Dinge leichter von der Hand gehen, sollten Sie sich vor Streß hüten. In diesem Fall wären Kopfschmerzen vorprogrammiert.
Mit dem Mond im Widder haben Sie die Chance schlechthin, bei Ihrem Chef wegen einer Gehaltserhöhung vorstellig zu werden. Vorwärts – dem Mutigen gehört die Welt!
Sollten Sie ein freudiges Ereignis planen, so ist die Wahrscheinlichkeit, daß es ein Junge wird, sehr groß!
Wenn Sie gerne im Garten arbeiten, sollten Sie jetzt die Bäume beschneiden; auch das Düngen von Gemüse kann auf keinen besseren Zeitpunkt fallen. Gemüse, das schnell geerntet werden soll, stecken Sie am besten heute in die Erde. Vor allem die Tomaten sollten Sie unbedingt dann setzen, wenn der Mond im Widder steht.

Der Mond im Stier

Die treuesten Seelen haben ihren Mond im Stier. Diese Menschen lieben die Behaglichkeit und Ruhe, denn sie ist unbedingt wichtig für ihren Seelenfrieden. Es sind sinnliche Ästheten, die allerdings ihre gewohnten Lebensrhythmen benötigen. Sie werden gerne verwöhnt, aber sie verwöhnen auch gerne. Sie haben eine feine Nase, und

schen mit dem Mond im Stier nicht selten übergewichtig.
Der Stier ist ein Gewohnheitstier, und Menschen mit dem Mond im Stier neigen zu ausgeprägten Gewohnheiten, die manchmal in einer ermüdenden Monotonie und Langeweile enden können. Dann werden sie richtig schwerfällig.

Im täglichen Leben

Wenn der Mond im Stier steht, beherrschen die langsamen Tätigkeiten den Tagesablauf. Es wird um Dinge gehen, die eine lange Ausdauer erfordern. Dafür werden Sie sich harmonisch und ausgeglichen fühlen, was die Arbeit erleichtert.
Steht der Mond im Stier, sollten Sie keine Mandel- oder Halsoperationen vornehmen lassen. Es würde Ihnen nicht gut bekommen!
Wollen Sie ein neues Haus kaufen oder einen Mietvertrag unterschreiben, dann warten Sie bitte, bis der Mond den Stier wieder verlassen hat. Sie könnten sich viel Ärger ersparen!
Sollten Sie heute vor einem freudigen Ereignis stehen, seien Sie sicher – es wird ein Mädchen.
Ruft Sie der Garten, sollten Sie jetzt dem Ungeziefer im Erdreich auf die Pelle rücken. Heute könnten Sie den Biestern richtig zusetzen!

Der Mond im Zwilling

Kennen Sie nicht auch jemanden in Ihrem Freundeskreis, dessen Redefluß kaum zu stoppen ist? Die Chancen stehen sehr gut, daß er seinen Mond im Zwilling hat. Solche Menschen benötigen einen regen Gedanken- und Gefühlsaustausch und geraten immer wieder in Situationen, die sie äußerst anregend finden.
Mit dem Mond im Zwilling haben wir einen vielseitigen, spritzigen und unternehmungslustigen Menschen vor uns, der immer wieder auch Schwung ins Leben anderer Menschen bringen kann. Gelegentlich wird Menschen mit dieser Konstellation unterstellt, sie seien oberflächlich; aber Sie werden kaum einen interessanteren Gesprächspartner finden.
Wenn Sie dringend eine Nachricht übermitteln müssen, das Telefon aber dauernd besetzt ist, dann quasselt an der anderen Leitung ein Zwilling-Mond. Fassen Sie sich in Geduld, es kann lange dauern!

Im täglichen Leben

Es ist die richtige Zeit, um neue Kontakte zu knüpfen. Wollten Sie nicht schon immer die netten neuen Nachbarn zum Essen einladen? Vielleicht sollten Sie auch etwas Lustiges, Ungewöhnliches für den Abend planen. Wie wäre es mit einem aufregenden Blind-Date?
Sie können mit dem Mond im Zwilling aber auch brav zu Hause sitzen und Ihren Studien nachgehen. Die Zeit dafür ist günstig.

Auch Briefe, die schon lange auf eine Antwort warten, könnten jetzt in Angriff genommen werden.
Ein glückliches Ereignis? Heute wird es ein Junge!
Ist Hausputz angesagt, werden die Fenster heute mehr glänzen als sonst, obwohl die ganze Sache scheinbar mühelos ablief. Lassen Sie sich jetzt nicht stoppen; es ist die richtige Zeit, um wieder einmal die ganze Wohnung kräftig durchzulüften.
Im Garten sollten Sie jetzt rankende Pflanzen säen.

Der Mond im Krebs

Die Krebs-Monde kennzeichnen die ganz zart besaiteten Wesen des Tierkreises. Sie nehmen alle Einflüsse auf wie ein feuchtes Tuch. Es sind Menschen mit einer ausgeprägten Feinfühligkeit, die aber gepaart ist mit außerordentlicher Launenhaftigkeit.
Mit dem Mond im Krebs braucht es enorm viel Geborgenheit, sonst gibt es Probleme. Mit dieser Konstellation kann es auch eine starke Furcht vor dem Unbekannten geben, und daraus entstehend eine gewisse Unbeweglichkeit.
Menschen mit dem Mond im Krebs sind ausgesprochen liebevoll und lesen ihren Mitmenschen alle Wünsche von den Lippen ab. Allerdings können sie sich auch stark anklammern und festhalten.

Im täglichen Leben

Heute sollten Sie Besuch einladen und ihn verwöhnen, er

wird es Ihnen danken. Servieren Sie aber kein schweres Essen, denn an diesen Tagen ist der Magen sehr empfindlich!

Lassen Sie die Seele baumeln, denn es ist nicht unbedingt die Zeit, um Bäume auszureißen und Berge zu versetzen. Besser, Sie widmen sich Ihrer Familie.

Sollten Sie sich jetzt einsam fühlen, nehmen Sie sich selbst nicht zu ernst, in wenigen Tagen oder Stunden schaut die Welt schon wieder ganz anders aus; denn es ist keine schlechte Zeit für den Beginn einer neuen romantischen Liebe. Allerdings sollten Sie sich vor zu großer Empfindlichkeit hüten. Dafür ist später auch noch Zeit!

Ein glückliches Ereignis – heute wird es ein Mädchen!

Sollten Sie nicht gerade dem Hausputz frönen, packen Sie Ihre Sachen, und gehen Sie schwimmen und anschließend in die Sauna, es ist genau der richtige Zeitpunkt für solche Aktivitäten.

Und weil wir schon bei den feuchten Aktivitäten sind, heute ist ein guter Waschtag. Die hartnäckigen Flecken können Sie heute endlich entfernen!

Der Mond im Löwen

Die Löwe-Monde sind die Menschen mit dem sonnigen Gemüt. Sie können jugendlich verspielt sein; und sie sind großzügig in allen Lebensbereichen. Sie sollten aber beachten, daß diese Menschen im Mittelpunkt stehen wollen, das ist für sie sehr wichtig!

Sie strahlen viel Herzenswärme aus und verfügen über einen angeborenen Beschützerinstinkt. Sie werden auch feststellen, daß die Löwe-Monde ganz automatisch eine Führungsrolle einnehmen und sich damit ganz prächtig fühlen. So wollen sie es haben! Für ihre Mitmenschen ist dieses „Ich-bin-so-toll"-Gefühl allerdings nicht immer leicht zu ertragen, und die Arroganz der Löwe-Monde ist manchmal schwer auszuhalten.

Im täglichen Leben

Munter hinein ins Vergnügen! Feste, Partys und sportliche Aktivitäten werden groß geschrieben. Sie sollten allerdings darauf achten, es nicht zu übertreiben. Es gibt Seitensprünge, die einem später Kopfschmerzen bereiten! Wenn Sie unters Messer müssen, dann bitte heute keine Herzoperationen. Überhaupt sollten Sie bei dieser Mond-Konstellation auf Herz und Kreislauf achten!
In Ihrem Umfeld können Sie heute Ihre Kompetenz beweisen. Stellen Sie also gerade heute Ihr Licht nicht unter den Scheffel!
Wenn Sie ausgehen wollen, wäre Oper oder Theater heute die erste Wahl.
Ein freudiges Ereignis geplant? – Heute wird es ein Junge!
Und nicht vergessen: Heute Körperpflege und vor allem Haare schneiden. Sie werden überrascht sein!

Der Mond in der Jungfrau

Die Ordnung hält Einzug. Es findet sich Systematik und sorgfältige Planung in allen Lebensbereichen.

Menschen mit dem Mond in der Jungfrau zählen zu den „Dienern des Lebens“. Sie betrachten andere und stellen fest, daß sie selbst nur an zweiter Stelle stehen. Manchmal kommt dann Neid auf, aber letztlich siegt die Vernunft.
Unter dieser Konstellation kann es zu einer gewissen Kritiksucht kommen, die äußerst unangenehm auf die Mitmenschen wirkt. Zudem kommen die Jungfrau-Monde mit einer gewissen distanzierten Kühle daher, was sie etwas unnahbar wirken läßt. Oft findet sich dahinter aber eine große Tiefe und Gefühlsintensität. Wenn sie sich öffnen könnten und spontaner wären, würde sich das Leben von einer leichteren Seite zeigen.
Im Körper können sich die Eingeweide und die Nerven melden – es ist dann Zeit zum Entrümpeln der Psyche. Frisch und mutig an die Arbeit!

Im täglichen Leben

Es ist wahrlich nicht der Tag für die romantischen Treffen bei Kerzenschein. Der Besuch bei der alten Tante im Altersheim ist angesagt – sie wird es Ihnen danken. Dienen ist Trumpf!
Besser Sie schaffen heute Ordnung oder belegen einen Kochkurs, denn es ist nicht die Zeit für spontane Einfälle!
Wartet nicht schon lange Ihre Steuererklärung auf Sie?
Ein freudiges Ereignis geplant? – Es wird ein Mädchen!
Im Haus sollten Sie die Haare schneiden; draußen die Balkonpflanzen setzen. So ist die Zeit gut genutzt!

Der Mond in der Waage

♎

Die Zeit der Aussöhner und Schlichter ist gekommen! Die Waage-Monde sind geradezu nach Harmonie süchtig. Bei Streiks sollten die Schlichter grundsätzlich nur mit einem Waage-Mond zugelassen werden!
Im Körper kann es bei dieser Mond-Stellung zu starken Hautreaktionen kommen, auch die Nieren sollten im Auge behalten werden.
Es sind Menschen, die der Schönheit sehr zugeneigt sind. Häufig finden wir hier auch äußerst begabte Künstler, die allerdings Schwierigkeiten haben, sich genau festzulegen. Die Waage pendelt stets hin und her. Waage-Monde müssen lernen, sich zu entscheiden und Abhängigkeiten zu vermeiden.

Im täglichen Leben

Gehen Sie Ihren gesellschaftlichen Interessen nach, und genießen Sie das Leben. Es ist Zeit für einen Stadtbummel. Heute ist das Selbstbewußtsein etwas schwach ausgeprägt, und Entscheidungen fallen Ihnen schwerer als sonst. Warten Sie einfach, bis der Mond in den Skorpion wechselt. So lange dauert das ja nicht!
Verschönern Sie inzwischen Ihre Wohnung. Sie werden sie selbst nicht wiedererkennen.
Wenn Sie nach draußen gehen oder im Haus herumrennen, vergessen Sie die warmen Socken nicht, Ihre Blase wird es Ihnen danken!
Ein freudiges Ereignis geplant? – Es wird ein Junge!

Der Mond im Skorpion

Die Skorpion-Monde haben ein ausgeprägtes Durchsetzungsvermögen, das bis zur Rücksichtslosigkeit gehen kann. Sie sind entschlossen und bevorzugen große Unabhängigkeit in ihrem Gefühlsleben. Es sind oft sehr verschlossene Menschen, die aber durch ihr Wesen die Belastbarkeit und Gefühlswelt ihrer Mitmenschen prüfen. Sie können gar nicht anders; und sie kennen dabei keine Grenzen.

Mit dem Mond im Skorpion haben Sie die Gabe, unbewußt die Fehler Ihrer Mitmenschen zu erfühlen und direkt zur Sprache zu bringen. Das macht Sie nicht unbedingt zu jedermanns Liebling!

Die Skorpion-Monde sind faszinierende, geheimnisvolle Menschen, die man nie ganz versteht. Daher kommt der Ausdruck vom Skorpion-Blick, der tief in die Seele zu schauen scheint. Aber man kann nicht in die gleiche Tiefe zurückschauen!

Im täglichen Leben

Haben Sie bestimmte Gefühle lange verdrängt, so kommen diese an Skorpion-Tagen an die Oberfläche und machen Ihnen und anderen zu schaffen. Trotzdem können Sie heute alle anstrengenden Arbeiten gut erledigen.

Achtung: Heute ist alles explosiver als sonst – auch im Bett!

Skorpion-Tage sind gut für Füllungen beim Zahnarzt, wo-

bei es möglichst zunehmender Mond sein sollte! Auch die Dauerwelle hält heute einfach länger und strapaziert die Haare weniger. Es sollte sich auch möglichst zunehmender Mond am Himmel zeigen.
Ein freudiges Ereignis geplant? – Es wird ein Mädchen.
Im Garten reagieren die Pflanzen an diesen Skorpion-Tagen besonders gut auf den Dünger; allerdings sollte es bei ihnen abnehmender Mond sein.

Der Mond im Schützen

Menschen mit dieser Mondstellung suchen nach dem Sinn des Lebens. Sie sind erfüllt von einem ausgeprägten Idealismus, und für die „wahre" Sache setzen sie sich mit allen Kräften ein. Sie fühlen sich in der Welt der Philosophie zu Hause.
Sie verfügen über die Fähigkeit, andere durch ihren Idealismus mitzureißen, ohne dabei auf ihre Überredungskünste zurückgreifen zu müssen. Sie überzeugen einfach durch ihr Dasein!
Es sind freie Seelen, denn die Freiheitsidee ist ihnen schon in die Wiege gelegt worden! Manchmal sind ihre Höhenflüge allerdings unrealistisch; doch ohne sie könnten die Schützen-Monde einfach nicht leben!

Im täglichen Leben

Wenn Sie eine interessante Kurzreise planen – jetzt ist der richtige Zeitpunkt. Auch für schwierige Gespräche ist jetzt

ein guter Zeitpunkt, denn Toleranz ist angesagt. Wollten Sie nicht schon lange Ihre „geliebte“ Schwiegermutter anrufen?
Hüten Sie sich vor zu großen Versprechungen; denn wenn der Mond in den Steinbock wandert, schaut die Welt schon wieder ganz anders aus!
Es ist ein Tag, um nach innen zu gehen und über Lebensfragen zu meditieren. Heben Sie aber bitte nicht ab!
Vielleicht wollen Sie sich auch um einen neuen Job bemühen oder nur eine Gehaltserhöhung fordern – heute ist Ihr Tag!
Wenn Ihnen nichts anderes einfällt, dann gehen Sie einfach wieder einmal ins Museum oder rufen einen vernachlässigten Freund an. Dann ist die Zeit genutzt.
Ein freudiges Ereignis geplant? – Es wird ein Junge!
Im Garten sollten Sie, bei abnehmendem Mond, den Rasen mähen oder das Gemüse düngen.

Der Mond im Steinbock

Menschen mit dieser Mondstellung unterliegen einem inneren Ehrgeiz, der sie einem starken Druck aussetzt. Sie legen an sich selbst enorm strenge Maßstäbe an, denen sie dann manchmal selbst nicht gewachsen sind. Sie wirken unnahbar, da sie ihr Gefühlsleben sehr stark kontrollieren. Es handelt sich bei dieser Konstellation um Einzelkämpfer, die allein sich selbst Vertrauen schenken. Ihre Gefühlswelt scheint gar nicht zu existieren, daher wirken sie auf andere kalt und fast wie erstarrt.

Für Steinbock-Monde wäre es lebenswichtig, aus einer selbst angelegten Zwangsjacke auszubrechen und sich zu befreien!

Im täglichen Leben

Wollen Sie eine Lebensversicherung abschließen, so ist diese Mondstellung eine hervorragende Ausgangslage. Es ist nicht gerade eine Zeit für ausgelassene Feste, Pflichten sind eher angesagt. Da aber gegenwärtig die persönlichen Wünsche und Sehnsüchte ohnehin nicht im Vordergrund stehen, läßt sich alles bewältigen. Zudem wird man an diesen Steinbock-Mondtagen ohnehin nicht leicht unter Ermüdung leiden.
Haut und Nägel sollten bei abnehmendem Mond gepflegt werden, auch die Zahnreinigung wäre keine schlechte Geschichte. Ab zum Zahnarzt!
Ein freudiges Ereignis geplant? – Es wird ein Mädchen!
Im Garten ist Unkrautjäten bei abnehmendem Mond angesagt; bei zunehmendem Mond dagegen sollte umgetopft werden!

Der Mond im Wassermann

Hier treffen wir die Weltverbesserer, denn die Menschen mit dem Mond im Wassermann sind mit einem starken Gerechtigkeitssinn ausgestattet. Freiheit ist die Grundstimmung, die ihr Leben prägt und auf der sie alle Aktivitäten aufbauen. Sie schneiden die alten Zöpfe ab

und leiten Reformen ein. Es können ruhelose Geister sein, die innerlich ständig angetrieben werden und auf der Suche nach der Wahrheit sind. Ihre rastlose Suche läßt sie aber Ideen für eine neue Zeit entwickeln. Darunter kann dann auch schon einmal eine „verrückte“ Idee sein.
Mit dem Mond im Wassermann sind Sie ständig auf Achse. Langeweile und Eintönigkeit bringen Sie um! Sie brauchen das Ungewöhnliche zum Leben.
Durchblutungsstörungen und Kreislaufprobleme sollten Sie bei dieser Mond-Stellung ernst nehmen!

Im täglichen Leben

Es ist die Zeit für Teamarbeit! Gemeinsame Ideen können ein phantastisches neues Projekt auf den Weg bringen. Vielleicht wollen Sie aber auch nur den Keller entrümpeln oder die Fenster putzen. Bei abnehmendem Mond wären das die richtigen Aktivitäten!
Joggen oder Tanzen könnten Ihnen auch zusagen, denn die Energie stimmt!
Bei zunehmendem Mond können Sie auch an die neuen Zahnfüllungen denken. Jetzt passen sie!
Ein freudiges Ereignis geplant? – Es wird ein Junge!
Im Garten können Sie bei Vollmond und bei abnehmendem Mond die Blumen düngen.

Der Mond in den Fischen

Menschen mit einem Fische-Mond zeichnen sich durch

eine liebevolle Aura aus, die es anderen Menschen erleichtert, ihnen Vertrauen zu schenken. Sie strahlen Freundlichkeit und Hilfsbereitschaft aus, die gerne in Anspruch genommen werden.
Es sind tiefe Seelen, deren unergründliche Seelenwelten von der Außenwelt oft nicht erkannt werden, da sie sich ganz in ihrer eigenen Welt abspielen. Der innere Ozean der Fisch-Menschen!
Unter allen Mond-Typen sind sie die feinfühligsten, daher haben sie die größten Probleme mit dem Leiden anderer. Ähnlich den Krebs-Monden können sie sich nur schwer abgrenzen.
Manchmal versäumen sie vor lauter Träumerei das „richtige" Leben. Sie müssen Boden unter den Füßen fassen und ihr Selbstvertrauen verbessern.

Im täglichen Leben

Das große Gefühl ist angesagt. Nehmen Sie sich alle Taschentücher, und schauen Sie sich im Kino die großen Liebesschnulzen an. Es ist die richtige Zeit, um sich total auszuheulen!
Instinkte und Gefühle bestimmen in diesen Tagen alles Leben; und Sie werden auch spüren, wenn jemand Ihre Hilfe benötigt. Heute können Sie sie ganz mühelos verschenken.
Entspannungsübungen und Massagen werden sich jetzt als besonders wirksam erweisen.
Waschen und Sauna-Besuche sind bei abnehmendem Mond anzuraten; auch ein Zahn könnte, wenn es denn sein muß, jetzt gezogen werden.
Ein freudiges Ereignis geplant? – Es wird ein Mädchen!

Kapitel 9

Berühmte Zwillinge

Berühmte Frauen

Judy Garland, geb. 10. 6. 1922

Die Mutter von Liza Minelli war ein Multi-Talent. Eine Frau, die auf allen Bühnen des Lebens eine überzeugende Rolle spielte. Als sie starb, trauerte nicht nur ganz Hollywood, sondern viele Freunde auf der ganzen Welt.

Viktoria I. von England, geb. 24. 5. 1819

Vielleicht Englands größte Königin. Eine Frau, die in großen Dimensionen dachte, weltoffen, freundlich und aufrichtig war. Sie regierte bis zu ihrem Tode und zählte Staatsmänner aus aller Welt zu ihren Freunden.

Inge Meisel, geb. 30. 5. 1910

Eine der beliebtesten Schauspielerinnen deutscher Sprache. Eine Frau, die immer engagiert, interessiert und mit einem offenen Wort zur rechten Zeit zur Stelle war.

Steffi Graf, geb. 14. 6. 1969

Die vielleicht beste Tennisspielerin dieses Jahrhunderts – und noch dazu eine der charmantesten. Beliebt nicht nur bei ihren Fans, sondern auch bei ihren Konkurrentinnen. Eine große Sportlerin und eine weltoffene, intelligente und engagierte Frau.

Berühmte Männer

Albrecht Dürer, geb. 21. 5. 1471

Einer der größten Maler aller Zeiten. Ein Mann, der schon zu seiner Zeit an allen neuen Entwicklungen und Gedanken interessiert war. Ein aufgeschlossener, kritischer und weltoffener Humanist.

Peter der Große, geb. 9. 6. 1672

Der größte Zar Rußlands. Ein Mann, der das riesige russische Weltreich reformierte wie kaum jemand vor ihm und nach ihm. Verbunden mit allen großen Höfen seiner Zeit, war er ein Weltbürger und ein überragender Staatsmann.

John F. Kennedy, geb. 29. 5. 1917

Wenn in Amerika die Frage nach dem größten amerikanischen Präsidenten aller Zeiten gestellt wird, fällt noch immer sein Name am häufigsten. Ein Staatsmann mit Visionen. Ein kritischer, humanistischer Geist, der die Menschen begeisterte und ihnen Hoffnung schenkte.

Thomas Mann, geb. 6. 6. 1875

Einer der bedeutendsten Dichter deutscher Sprache. Ein kritischer Geist, der von großer Toleranz und Aufrichtigkeit geprägt war. Ein Schriftsteller, der engagiert und mutig für die Freiheit des Wortes eintrat.

Die Autoren

Petra Michel (Sternzeichen: Krebs, Aszendent: Löwe, Mond: Skorpion). Physikstudium, danach führende Stellung in der deutschen Industrie. Langjähriges Astrologiestudium, unter anderem bei Huber und Claude Weiss. Heute Leiterin eines Verlages in den USA.

Annette Wagner (Sternzeichen: Krebs, Aszendent: Schütze, Mond: Zwilling). Eurythmiestudium, danach Tätigkeit in der Wirtschaft. Langjähriges Astrologiestudium. Seit zehn Jahren Prokuristin in der Verlagsindustrie.

Dr. Peter Michel (Sternzeichen: Krebs, Aszendent: Löwe, Mond: Schütze). Studium der Philosophie, Theologie und Religionswissenschaft, danach Gründung des Aquamarin Verlages. Autor zahlreicher Sachbücher zu den Themen Mystik und Esoterik.

Nützliche Anschriften:

Astrologen, die wir empfehlen können:

Jacques Suijkerbuijk,
Im Eggerfeld 53,
85560 Ebersberg

Bernd Schiele,
Käthe-Kollwitz-Str. 2,
40882 Ratingen

Bach-Blüten-Therapeuten:
Brigitte Fuhrt,
Birkenstr. 27,
85567 Grafing

Dazu gibt es in Deutschland, Österreich und der Schweiz Zentren für die Bach-Blüten-Therapie. Auskünfte erteilen Apotheken und Naturkostläden.

Aura-Soma:

Aura-Soma-Informationszentrum, Wittener Str. 172, 45549 Sprockhövel

Hanni Reichlin-Meldegg, Silbergasse 45/1, A-1190 Wien

Chrüter-Drogerie Egger, Unterstadt 28, CH-8200 Schaffhausen

PERSÖNLICHE NOTIZEN

PERSÖNLICHE NOTIZEN